Otto Höpfner

Einhandrute und Pyramidenenergie

Otto Höpfner

Einhandrute und Pyramidenenergie

Ein praktischer Ratgeber

Vollständig überarbeitete Neuauflage

IIIIIIIIIIIIIIIIIIII SILBERSCHNUR IIIIIIIIIIIIIIIIIIII

Hinweis

Die Angaben in diesem Buch sind nach bestem Wissen und Gewissen zusammengestellt. Die beschriebenen Methoden und Mittel stehen in keinem direkten Zusammenhang mit schulmedizinischen Erkenntnissen oder Anwendungsmethoden sowie -ansätzen und möchten auch nicht als solche verstanden werden. Sie sind weder ein Ersatz für Medikamente noch für irgendwelche ärztliche oder psychotherapeutische Behandlungen. Hinsichtlich des Inhaltes dieses Werkes und der darin dargestellten Methoden geben der Verlag und der Autor weder indirekte noch direkte Gewährleistungen. Demzufolge können und sollen die Inhalte dieses Buches keinen Arztbesuch ersetzen und stellen keine Anleitung zur Selbstdiagnose dar. Empfehlungen hinsichtlich Diagnoseverfahren, Therapieformen oder Ähnlichem werden nicht gegeben. Autor und Verlag übernehmen somit keinerlei Haftung.

ISBN 978-3-89845-361-5

5. Auflage 2012

Gestaltung & Satz: XPresentation, Güllesheim
Umschlaggestaltung unter Verwendung verschiedener Motive aus: www.fotolia.com
Druck: Finidr, s.r.o. Cesky Tesin

Verlag »Die Silberschnur« GmbH · Steinstraße 1 · D-56593 Güllesheim
www.silberschnur.de · E-Mail: info@silberschnur.de

Leitwort

"Der Mensch an sich selbst, insofern er sich seiner gesunden Sinne bedient, ist der größte und genaueste physikalische Apparat, den es geben kann, und das ist eben das größte Unheil der neueren Physik, dass man die Experimente gleichsam vom Menschen abgesondert hat und bloß mit dem, was künstliche Instrumente zeigen, die Natur erkennen, ja, was sie leisten kann, dadurch beschränken und beweisen will."

J. W. von Goethe (1829), *Maximen und Reflexionen*

Inhalt

Vorwort

Seit der ersten Ausgabe meines Buches *Einhandrute und Pyramidenenergie* sind einige Jahre vergangen, und ich dachte damals: Nun habe ich alles geschrieben, was man mit einer Pyramide so machen kann! Doch die Erkenntnisse und die Entwicklungen schreiten voran. Neue Gedanken und Erfahrungen ermutigen mich, den einmal angefangenen Weg weiterzugehen. Die Pyramide zeigt uns immer neue Wege zur Nutzung ihrer rätselhaften Eigenschaften. So werden Sie, verehrte Leser und Leserinnen, in diesem Buch viele neue, für die Gesundheit wertvolle Anregungen finden.

Otto Höpfner

Anmerkung des Verlages:

Der Autor dieses Buches verstarb im Dezember 2008, doch bis zu seinem Tod hat Otto Höpfner geforscht, an seinen Konstruktionen gearbeitet und seine Geräte stets weiterentwickelt. Er entwickelte und konstruierte unter anderem die hochempfindliche Einhandrute, als Bio-Radiometer mit Kugelkreuz inzwischen weit verbreitet, die legendären Höpfner-Pyramiden, die in diesem Buch ausführlich beschrieben werden, und zuletzt den phantastischen Energie-Verstärker, den sogenannten Strahlen-Konverter. Die Pyramiden sind heutzutage im Handel nicht mehr erhältlich, da sie durch den weiterentwickelten Strahlen-Konverter ersetzt wurden. Wir möchten Sie mit diesem Buch aber einladen, Otto Höpfners geniale

Entwicklungen kennenzulernen, und Sie ermutigen, sich auch der neuen, weiterentwickelten Gerätegeneration zu öffnen. Sie finden am Ende des Buches eine Bezugsquelle, über die Sie die Produkte kaufen können. Außerdem haben wir uns bemüht, an den wichtigsten Stellen Hinweise auf die neuen Geräte zu geben, so dass Sie jederzeit erfahren, welches Produkt die Weiterentwicklung des beschriebenen Gerätes ist und wo sie diese beziehen können.

Einleitung

Die feinstofflichen Strahlungen – die Grundlage des Lebens

Dieses Buch soll den Lesern Hinweise und Anregungen geben zur praktischen Handhabung und Nutzung der Einhandrute sowie von Pyramiden und Orgonenergie. Da es sich bei diesen Themen um sehr komplexe Gebiete handelt, soll bei den folgenden Kapiteln im Wesentlichen auf die praktische Anwendung im medizinischen und auch im privaten Bereich eingegangen werden. Dies hat allerdings zur Folge, dass wenig Raum bleibt für umfassende wissenschaftliche oder physikalische Begründungen, und nur in zwingenden Fällen, in denen es zum Verständnis der Vorgänge notwendig ist, werden kurze Erläuterungen gegeben. Doch selbst wenn man wollte, würden ausreichende Erklärungen nicht immer möglich sein. Selbst unsere großen Quantenphysiker sind bei ihren Forschungen im subatomaren Mikrobereich an Grenzen gestoßen, bei denen sie die Dinge hinter den Dingen nicht mehr erfassen beziehungsweise begreifen konnten.

Um den Leser jedoch über eine grundsätzliche Erscheinung in unserer Natur, die für alle Gebiete der Radiästhesie gültig ist, zu informieren, ist es sinnvoll und notwendig, zum besseren Verständnis noch etwas über das immer wiederkehrende Phänomen der *feinstofflichen Strahlung* zu sagen: Es fällt vielen Menschen schwer zu glauben, dass es möglich ist, mithilfe der Bewegungsreaktionen einer Einhandrute oder eines Pendels, das über einer Handschrift kreist, eine Antwort auf die mental gestellte Frage bezüglich einer Krankheit oder sonstiger Eigenschaften zu erhalten. Doch auch solche Dinge beruhen auf der natürlichen Kausalität, nämlich auf Ursache und Wirkung. Alles auf dieser Erde wie auch im Kosmos besteht zudem aus Schwingungen. Diese kann man auch als sich stets wiederholende Energieimpulse oder Energiestrahlung verstehen. Ihre Größenordnung wird mit *Frequenz* bezeichnet und hat die Maßeinheit *Hertz*; sie gibt die Anzahl der Energieimpulse pro Sekunde an.

Doch im Bereich der Radiästhesie wie auch in dem obigen Beispiel handelt es sich nicht um Frequenzen, wie wir sie aus dem technischen Bereich kennen, sondern um besondere Energieschwingungen beziehungsweise besonders schwache Energieimpulse. Man nennt sie deshalb: *ultrafeine* oder auch *feinstoffliche Strahlen*. Das bedeutet, dass sie zu niedrig beziehungsweise zu fein und im physikalischen Sinne nicht messbar sind. Dagegen sind sie aber äußerst wirksam im biologischen Bereich. Noch ist es allerdings nicht möglich, diese subtilen Energiefelder mithilfe elektronischer Verstärkung auf einem Bildschirm sichtbar zu machen. In dem obigen Beispiel mit den Handschriften haben wir es mit solchen ultrafeinen Schwingungen beziehungsweise Strahlungen zu tun, denn jede Handschrift beinhaltet Informationen. Und Informationen sind extrem feinstoffliche Energiefelder!

Es gibt bis jetzt nur ein "Instrument", um solche ultrafeinen Schwingungen sichtbar zu machen. Bereits Johann Wolfgang von Goethe hat dies erkannt: Es ist der sensitive Mensch, der sich mit seiner äußerst konzentrierten mentalen Fragestellung über die Einhandrute oder ein Pendel und seine Nervenzellen in Resonanz zu diesen feinstofflichen Schwingungen versetzt. Das Pendel oder die Einhandrute dient dabei als Anzeigeinstrument und gibt durch entsprechende Reaktion die Antwort. Es gibt aber auch viele "pendelfähige" beziehungsweise sensitive Menschen, die der festen Meinung sind, die Reaktionen des Pendels oder der Einhandrute würden von übernatürlichen Kräften ausgelöst. Ich möchte dem nicht widersprechen, denn wer kann in diesem Fall schon das

Gegenteil beweisen? Im Endeffekt ist ohnehin nur eines wichtig: Hauptsache, es funktioniert! Ich habe jedoch auch schon Menschen getroffen, die behaupten, das Arbeiten mit dem Pendel oder der Einhandrute sei Teufelswerk oder okkulter Firlefanz. Die Logik sagt uns aber, dass uns der Herrgott (oder die Schöpfung) diese Veranlagung der Strahlenfühligkeit beziehungsweise der Sensitivität als einmaliges Geschenk in die Wiege gelegt hat, damit wir es auch zum Wohle unserer Mitmenschen nutzen sollen, wie die nachfolgenden Kapitel zeigen werden.

Im Zusammenhang mit dem oben Gesagten seien noch einige interessante Zeilen angefügt: In Russland gibt es etwa 20 Forschungsinstitute, die sich mit diesen geheimnisvollen Bereichen beschäftigen. Sie bezeichnen solche psychotronischen Energiefelder als *Psychoenergie*. Darunter ist eine Energieform zu verstehen, die paranormale Wirkungen auszulösen vermag. Sie ist in der Lage, alle Materialien zu durchdringen, ohne dass dadurch ihre Wirkung gemindert wird. Wie uns aus der Parapsychologie (Telepathie, Telekinese und so weiter) bekannt ist, ist der menschliche Geist in der Lage, diese Energie zu beherrschen, und sie erlaubt es offenbar, irgendwelche Informationen in ein genau definiertes Zielgebiet zu tragen.

Alles ist eine Frage der Schwingungsfrequenzen. Das "Sehen oder Erleben" auf anderen Ebenen hängt von der Fähigkeit ab, die eigene geistige Schwingungsfrequenz so zu erhöhen, dass sie in Harmonie mit der astralen oder einer höheren Dimension schwingt.

Anleitung zur Handhabung des Bio-Radiometers in der Praxis

1. Allgemeines

Im Folgenden wird die Einhandrute als Bio-Radiometer bezeichnet. Dieser Name bedeutet Lebensstrahlenmesser und kommt somit der Funktion des Gerätes am nächsten, da es ja für uns ein Anzeigeinstrument zur Sichtbarmachung unsichtbarer Schwingungen darstellt. Die vielseitigen Möglichkeiten dieses Gerätes sollen hier ohne weitschweifige theoretische Erörterungen, sondern vielmehr durch praktische Hinweise und Beispiele aufgezeigt werden.

Einhandruten gibt es in den verschiedensten Ausführungen, wobei der grundlegende Aufbau jedoch immer derselbe ist: Die Rute besteht aus einem Handgriff, dem Antennendraht und dem Sensorelement. Letzteres kann ein Kreisring, eine runde Platte, eine Spirale oder ein Kugelkreuz sein. Es empfiehlt sich, bei der Auswahl und dem Kauf sehr kritisch zu sein, da die Ausführungen und auch die Preise sehr unterschiedlich sein können. Praktische Versuche haben gezeigt, dass es keinen nennenswerten Unterschied macht, ob der Handgriff zum Beispiel versilbert oder vergoldet ist oder ob die Kugel aus einer Legierung besteht, die auf die Eigenarten der fünf Finger abgestimmt ist; der Preis steht dann meist in keinem Verhältnis zum Erfolg. Es werden allerdings auch Radiometer (RM) angeboten, die aus einem Holzgriff und einer Holzkugel bestehen - und von ihnen ist abzuraten, da es hiermit nicht möglich ist, Polaritäten oder geopathogene Störzonen einwandfrei zu identifizieren.

Ein RM darf nicht zu träge reagieren, denn in der Regel kann man die erforderliche Konzentration nicht allzu lange aufrechterhalten.

Eine Grundbedingung ist daher eine starke Reaktionsempfindlichkeit des RM, was bedeutet, dass das Gerät auch noch bei äußerst schwachen Strahlungen gut erkennbare Reaktionen zeigen muss. Diese Bedingung wird sehr gut erfüllt durch ein RM mit dem sogenannten Kugelkreuz, und im Folgenden wird bei den Erläuterungen und den Experimenten ausschließlich auf die Einhandrute mit dem Kugelkreuz Bezug genommen.

Die verschiedenen Ausführungen der RM:

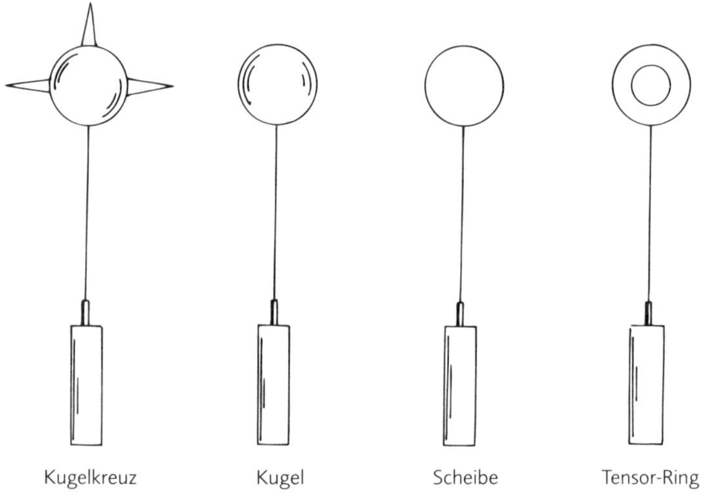

Bild 1

Maßgebend bei der Entwicklung dieses Typs war die Feststellung, dass an den drei Spitzen starke Abstrahlungen und Aufnahmen von feinstofflichen Radiationen gemessen werden konnten. Das Kugelkreuz-Bio-Radiometer hat sich daher nach den Erfahrungen von Therapeuten und Radiästheten als die reaktionsempfindlichste, reagibelste Einhandrute erwiesen. Aus Korrosionsgründen sind der Antennendraht und das Kugelkreuz vergoldet, und diese Einhandrute bietet die Möglichkeit, mit Messkreisen zu arbeiten, was eine unentbehrliche Hilfe bei allen entsprechenden Messungen ist.

Andererseits hat diese Entwicklungsform auch einen symbolischen Charakter: Die drei Spitzen an der Kugel symbolisieren die sogenannte Trinität, wie sie in den meisten Religionen zu finden ist. So haben wir zum Beispiel in der altägyptischen Mythologie die drei Gottheiten Isis, Osiris und Horus oder die Dreifaltigkeit in der christlichen Religion. Desgleichen stehen die drei Spitzen auch für die Ganzheit des Menschen, nämlich für Körper, Geist und Seele oder auch für die Elemente der Schöpfung - Erde, Feuer, Wasser, Luft -, wobei die Kugel selbst die Erde symbolisiert.

Die Kugel ist genau wie die Erdkugel polarisiert, das heißt, sie hat eine Plus- und eine Minusseite, was dem Nord- und Südpol entspricht. Der blaue Punkt auf der Kugel ist das Zeichen für die Yin-Seite (minuspolig), während die glatte die Yang-Seite (pluspolig) ist.

2.
Voraussetzungen für das Arbeiten mit dem Radiometer

Bei der Arbeit mit dem RM müssen bestimmte Voraussetzungen unbedingt beachtet werden. Nicht nur für den Anfänger, sondern auch für den Fortgeschrittenen sind die nachstehend beschriebenen Regeln die Grundlage für einwandfreie Ergebnisse.

Eignung zur Strahlenfühligkeit

Um eine spezielle Tätigkeit ausführen zu können, muss man eine entsprechende Veranlagung oder Eignung besitzen. Genau das trifft auch für das Arbeiten mit der Wünschelrute, dem Pendel oder der Einhandrute zu. Man nennt diese Fähigkeit auch *Strahlenfühligkeit*.

Oft wird die Frage gestellt, ob jeder den Umgang mit der Einhandrute erlernen könne, und ich bin der Meinung, dass man diese Frage verneinen muss. Zur Feststellung, ob Sie strahlenfühlig sind und mit einer Einhandrute arbeiten können, empfehle ich Folgendes: Kaufen Sie sich ein Pendel, oder hängen Sie einen Ring beziehungsweise Schlüssel an einen etwa zehn Zentimeter langen Bindfaden. Nehmen Sie das Fadenende zwischen Daumen und Zeigefinger. Setzen Sie sich bequem hin, und stellen Sie sich ganz konzentriert die Frage: "Kann ich pendeln lernen?"

Beobachten Sie bei diesem fortwährenden Gedanken das Pendel, und warten Sie ruhig ein bis zwei Minuten. Wenn es klappt, fängt das Pendel an, sich zu bewegen. Wie, das ist zunächst nicht wichtig. Wichtig ist nur, dass das Pendel überhaupt eine Reaktion zeigt. Das wäre bereits die Bestätigung, dass Sie strahlenfühlig sind und zum Beispiel das Arbeiten mit einer Einhandrute erlernen können. Sollte das Pendel aber keine Reaktion zeigen, so versuchen Sie dasselbe Experiment noch einmal, indem Sie von Ihrem Sitzplatz etwas zur Seite rücken, denn vielleicht saßen Sie gerade auf einer pathogenen Störzone. Oder Sie haben gerade einen für diese Tätigkeit unpassenden Tag erwischt, was besonders bei Frauen häufiger vorkommt. Lassen Sie sich auch bei ganz schwachen Reaktionen des Pendels nicht entmutigen; denn mit viel Übung steigert sich die Strahlenfühligkeit.

Störungsfreier Testplatz

Wie im vorangegangenen Abschnitt bereits erwähnt, muss der Tester sich auf einem störfreien Platz befinden, denn sonst besteht die Gefahr, dass die hochfrequente Strahlung und die dadurch hervorgerufene Luftionisierung einer pathogenen (krankmachenden) Störzone die Sensitivität des Testers beeinflussen. Er kann dann entweder kaum oder sogar falsche Reaktionen mit dem RM empfangen.

Das Halten des RM

Das Radiometer reagiert am empfindlichsten, wenn das vorderste Drittel des Antennendrahtes in der Waagerechten gehalten wird.

Die seitlichen Spitzen am Kugelkreuz zeigen ebenfalls in die waagerechte Ebene.

Ob Sie das Bio-Radiometer in die rechte oder linke Hand nehmen, spielt allerdings keine Rolle, wobei der Linkshänder meistens lieber mit der linken Hand arbeitet. Der Griff des RM sollte nicht nur mit den Fingerspitzen, sondern mit der ganzen Hand gehalten werden, damit ein guter Hautkontakt gegeben ist. Dadurch wird zugleich verhindert, dass sich bei Ausschlägen des Kugelkreuzes die Hand mit bewegt.

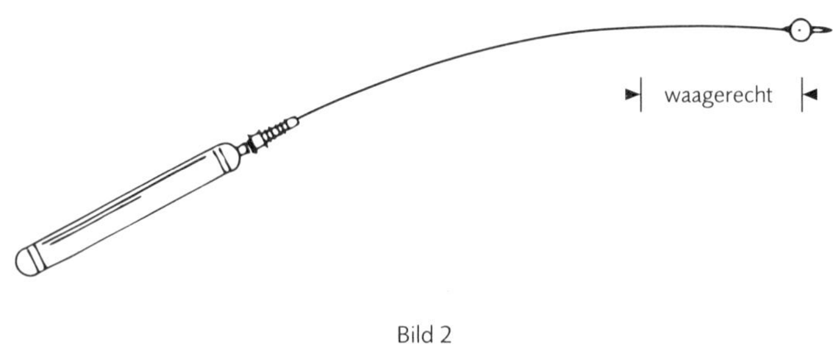

Bild 2

Es ist allgemein bekannt, dass manche Benutzer von Einhandruten gleich welchen Fabrikates dieselben sehr stark und lange ausschwingen lassen, so dass dadurch in kurzer Zeit eine Materialermüdung eintritt. Jeder Stahldraht wird in solchen Fällen in kurzer Zeit abbrechen, doch dies hat nichts mit Materialfehlern zu tun. Beim Arbeiten mit dem RM ist deshalb unbedingt Folgendes zu beachten:

1. Ihre Hand darf sich beim Ausschwingen des RM nicht mit bewegen, da sonst der Ausschlag unnötig unterstützt und verstärkt wird.
2. Es genügt, wenn Sie die Tendenz der Bewegungsreaktion bei Beginn der Messung erkannt haben. Sie sollten allerdings bedenken, dass das RM bei einigen Fällen seine Bewegungsrichtung anfangs ein paar Mal ändern kann, bevor es sich

endgültig einschwingt, was in der Regel etwa 10 bis 20 Sekunden dauern kann.

3. Die Messungen müssen aus einer völligen Ruhestellung des RM heraus erfolgen. Ansonsten erhalten Sie falsche Resultate.

Wenn Sie diese drei Punkte beachten, wird das Radiometer nicht überbeansprucht und kann nicht abbrechen.

Zusätzlich gilt es zu beachten:

Während des Arbeitens mit dem RM muss der Tester die Augen stets auf das Kugelkreuz (oder den Antennenring) gerichtet halten. Sie werden feststellen, sobald Sie die Augen abwenden, hört die Reaktion des RM auf.

Bipolarität des RM

Das Kugelkreuz oder der Antennenring ist polarisiert, das heißt, die Seite mit der blauen Zentrierbohrung in der Kugel oder die Seite mit den Rillen im Ring ist minuspolig. Die andere, glatte Seite ist pluspolig. Es ist insbesondere bei Polaritätsmessungen wichtig, dass der männliche Tester (Yang) immer die minuspolige Seite sehen kann. Die Frauen (Yin) dagegen müssen immer die glatte Seite im Auge behalten, gleichgültig, ob die seitlichen Spitzen des Kugelkreuzes waagerecht oder senkrecht gehalten werden.

Messen aus der Ruhestellung

Bei Beginn einer Testung muss das RM vollkommen ruhig stehen, das heißt, es darf keine Schwingungen ausführen. Anders ausgedrückt: Die Reaktion des RM auf die Fragestellung muss von ganz allein aus der Ruhestellung beginnen. Insbesondere bei übersensitiven Menschen ist oft festzustellen, dass sie das RM schon vor Beginn der Testung auf- und abschwingen lassen. Grundsätzlich muss die Hand aber ganz ruhig gehalten werden, da sonst eine verfälschte Reaktionsbewegung des RM entsteht. Auch ist es eine wichtige Voraussetzung, dass der Tester von Natur aus eine ruhige Hand hat (kein Zittern).

Oft dauert es beim Anfänger etwas länger, bis das RM eine Reaktion zeigt. Er sollte deshalb ruhig und konzentriert etwa 30 bis 60 Sekunden warten, und häufig ändert auch das RM seine anfängliche Reaktion und wechselt dann erst in einen endgültigen Ausschlag. Das ist zudem mit ein Grund, warum man nicht sofort nach der ersten Reaktion seine Schlüsse auf die gestellte Frage ziehen sollte.

Energetische Verfassung

Der Tester muss in einer guten energetischen Verfassung sein. Um das zu erkennen beziehungsweise zu kontrollieren, hält man die freie Hand etwa drei Zentimeter vor den Brustkorb, um innerhalb der ersten Aurahülle die eigene Energiestrahlung aufzufangen. Da bei dem Messen von Energiestrahlen das RM auf- und abschwingt, ist die Größe des Ausschlages ein Maß für die augenblickliche Bio-Zellstrahlung. Im Normalzustand sollte der Ausschlag etwa eine Handbreit sein. Ist dies nicht der Fall, so hilft entweder das Trinken von Mineralwasser, das durch eine Pyramide aufgeladen wurde, oder das direkte Bestrahlen des Solarplexus durch die Pyramide (siehe Kapitel: Nutzung der Pyramidenenergie). Im Notfall helfen auch einige beidseitige Armkreisungen rückwärts.

Mentale Einstellung

Die mentale (geistige) Einstellung zu der bevorstehenden Untersuchung ist besonders wichtig! Es geht hier um den bewusst und geistig vorhandenen Wunsch, empfindsam zu werden für die Ausstrahlungen, die durch die Reaktion des Radiometers sichtbar gemacht werden sollen. Alle anderen Gedanken müssen außen vor bleiben, so dass gegen alles eine radiästhetische Abschirmung besteht, was nicht Gegenstand der Untersuchung ist. In der entsprechenden Literatur nennt man diesen Zustand auch "Orientation Mentale" kurz mit OM bezeichnet, und im Volksmund heißt dies auch "sich geistig leer machen". Dadurch wird erreicht, dass eventuelle Vermutungen oder vorgefasste Meinungen über das Resultat vollkommen ausgeschaltet werden.

Interpretation der RM-Reaktionen

Der Tester muss vorab festlegen, welche Bewegung des RM wie interpretiert wird, das heißt, der Tester muss vorher genau wissen, wie das Radiometer auf die verschiedenen Strahlen beziehungsweise Fragen reagieren wird. Dadurch ist unser Unterbewusstsein automatisch darauf eingestellt, dass das RM zum Beispiel bei pluspoligen Strahlen rechtsherum (im Uhrzeigersinn; zum Beispiel bei Essig oder Säure) und bei minuspoligen Strahlen linksherum kreist (zum Beispiel bei basischen Substanzen). Man bezeichnet das auch als Rechts- beziehungsweise Linksrotation.

Es gibt aber auch Fälle, bei denen die Reaktionen unbekannt sind. Sie wollen zum Beispiel wissen, ob ein Metallstück aus Gold besteht, kennen aber die Reaktionen des RM bei Goldstrahlen nicht. Dann konzentrieren Sie sich einfach auf die Frage: "Wie ist meine RM-Reaktion auf Goldstrahlung?" Nach kurzer Zeit wird das RM vermutlich eine leichte Links-Ellipse beschreiben. Diese Figur müssen Sie sich merken oder notieren, denn sie ist künftig die Bewegung für Goldstrahlung.

Fragestellung

Da das RM nie weiß, was Sie wissen wollen beziehungsweise welche Art von Strahlung die Antenne testen soll, müssen Sie sich mental auf eine konkrete Frage konzentrieren, und zwar immer in Erwartung auf die im Kapitel "Interpretation der RM-Reaktionen" beschriebene Festlegung. Da Sie aufgrund des vorherigen Beispiels wissen, welche Reaktion das RM bei pluspoligen Flüssigkeiten anzeigt, brauchen Sie bei einer unbekannten Flüssigkeit nur die Frage zu stellen: "Welche Polarität hat diese Flüssigkeit?" Zeigt das Radiometer eine Rechtsrotation, so ist daraus zu schließen, dass es eine pluspolige (saure) Flüssigkeit ist. Natürlich könnte man hier auch die Frage stellen: "Ist das eine Säure?" Da Sie wissen, dass das RM bei "Ja" auf und ab und bei "Nein" seitlich hin- und herschwingt, erhalten Sie auch auf diese Art eine entsprechende Antwort.

Um bei der Fragestellung von vornherein eventuelle Vermutungen über das Ergebnis beziehungsweise Beeinflussungen auszuschalten, stellt man im Geiste unter ständiger Wiederholung sogenannte Wechselfragen, wie zum Beispiel: "Ist diese Flüssigkeit plus- oder minuspolig?" oder "Ist diese Medizin gut für mich oder nicht?" Eine andere Methode ist auch die sogenannte passive Fragestellung, wie zum Beispiel: "Welche Polarität ist dies?" oder "Welcher Art sind diese Strahlen?"

Wie Ihnen eine vorgefasste Meinung und auch eine zu schnelle Beurteilung eine unangenehme Enttäuschung bei einem Test mit dem RM bescheren können, möchte ich kurz schildern: Ein

Ehepaar lud einen Freund ein, der sehr gut mit der Einhandrute umgehen konnte. Sie zeigten ihm einen Beutel mit Tee und baten, diesen Tee auf Verträglichkeit bei dem Ehemann zu testen. Der Freund führte mit seinem RM die Testung durch und stellte eine gute Verträglichkeit fest. Es war ein regelrechter Schock für ihn, als ihm der Ehemann erklärte, er hätte dem Tee einige Körner Rattengift beigemischt, um ihn zu prüfen. Was hatte der gute Freund falsch gemacht? Es waren zwei grundsätzliche Fehler, nämlich:

1. Er las vorher den Namen des Tees, und da es ein bekannter, guter Tee war, dachte er unbewusst: "Der ist bestimmt gut für ihn." Er hatte sich damit selbst beeinflusst! Das heißt, er war mental nicht neutral eingestellt.
2. Sobald sich eine Reaktion des RM einstellte, zog er daraus seine Schlüsse und brach die Testung ab. Er hatte die Testung zu früh abgebrochen, denn normalerweise ändert in solchen krassen Fällen das RM oft seine Bewegungsreaktionen und zeigt das richtige Ergebnis an. Ich stelle bei Zweifelsfällen immer noch einmal die Frage: "Ist dieses Ergebnis richtig?"

Selbstvertrauen

Der Tester muss unbedingtes Selbstvertrauen in seine radiästhetische Eignung und sein Können haben. Sobald Zweifel bestehen, werden die Ausschläge schwach oder stellen sich erst gar nicht ein. Eine im Unterbewusstsein fest verankerte Selbstsicherheit ist somit eine wichtige Voraussetzung für den Erfolg.

Verständlicherweise ist beim Anfänger das Selbstvertrauen noch nicht sehr ausgeprägt. Doch mit viel Übung und Erfolgserlebnissen baut es sich auf.

Die moralische Einstellung

Abschließend ein Hinweis, der aufgrund einiger Erfahrungen für ein erfolgreiches Arbeiten mit dem Radiometer ebenso wichtig ist wie das vorher Gesagte. In dem Buch eines bekannten Autors habe ich einmal sinngemäß Folgendes gelesen: Wenn Sie mit der Einhandrute arbeiten können, sind Sie Ihren Mitmenschen weit überlegen. Es ist dies für Sie ein numinoses Machterlebnis (!). Solche Äußerungen sind der Sache wirklich nicht dienlich. Im Gegenteil, jeder, der mit einem Pendel oder einer Einhandrute arbeitet, sollte diese Tätigkeit mit etwas Demut beziehungsweise Bescheidenheit ausführen. Eine zur Schau getragene Überlegenheit oder Arroganz ist hier wirklich nicht die richtige Einstellung.

Eine weitere Warnung muss an all diejenigen gerichtet werden, die glauben, ein Pendel oder eine Einhandrute könnte man auch benutzen, um Antworten auf okkulte Fragestellungen zu erhalten. Das sind zum Beispiel Fragen über die Zukunft des eigenen oder das Leben oder den Tod anderer Menschen und Ähnliches. Ich kenne Fälle, bei denen solcher Missbrauch zu sehr unangenehmen Überraschungen führte. Dies ist sogenannte schwarze Magie, vor der dringend gewarnt werden muss!

3.
Praktische Messungen als Mittel für die Diagnostik

Messung von Energiestrahlungen

Als Erstes soll die Energiestrahlung untersucht werden. Unter Strahlung - auch Schwingungen genannt - sind stetige Energieimpulse zu verstehen. Das soll zunächst an einer Stabbatterie demonstriert werden: Halten Sie das Kugelkreuz des RM zwei bis drei Zentimeter über den Pluspol der Batterie (Bild 3).

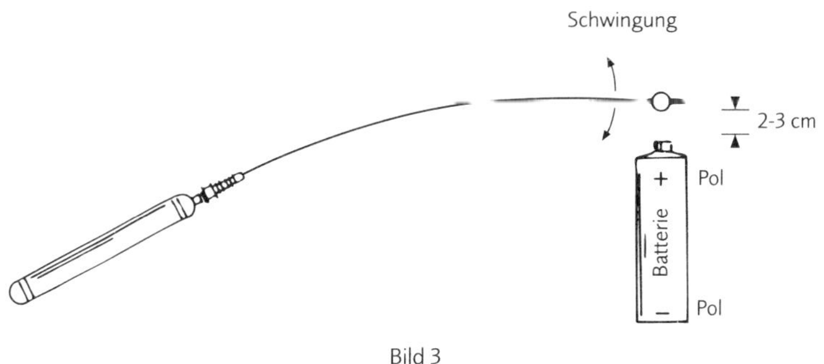

Bild 3

Wir wissen bereits, dass Energiestrahlungen das Kugelkreuz auf- und abschwingen lassen, wenn wir uns die Frage stellen: "Welche Intensität der Energiestrahlung herrscht hier?" (Kapitel "Eignung zur Strahlenfühligkeit"). Je stärker diese Strahlung ist, umso größer ist der Ausschlag der Antenne. Dieser Unterschied lässt sich sehr eindrucksvoll an einer verbrauchten und einer neuen Batterie demonstrieren. Die Messung der Strahlung dauert so lange, bis keine Steigerung der RM-Bewegung mehr festzustellen ist. Diese Übung sollte der Anfänger öfters durchführen, da mit der Übung auch die Sensitivität oder Strahlenfühligkeit gefördert wird. Eine andere Art, diese Batteriestrahlung zu messen, ist, die freie Hand oder einen Finger als sogenannte Empfangsantenne über den Batteriepol zu halten, wobei die Batterie dabei nicht unbedingt berührt werden muss. Man beobachtet das RM, und die mentale Einstellung ist auf die Anzeige einer Strahlungsmessung entsprechend der Festlegungen gerichtet.

So erhalten Sie eine ebenso einwandfreie Anzeige der Strahlungsintensität wie bei der zuvor aufgezeigten Methode. Diese zuletzt beschriebene Art und Weise wird meist angewandt bei der Messung der eigenen Bioenergie, wie es im Kapitel "Energetische Verfassung" bereits beschrieben wurde, sowie bei einer Energiemessung an einer anderen Person.

Organmessung

Beispiel: Wir möchten messen, wie die Zellstrahlung in den Nieren einer Person ist. Dafür bringen wir die freie Hand als Empfangsantenne in die Nähe der Niere, und die mentale Frage lautet: "Welche Strahlungsenergie hat diese Niere?" Sofern dieses Organ normal arbeitet, erhalten Sie eine Auf- und Abwärtsbewegung bis zu einer Handbreit. Bei geringerem Ausschlag würde dies eine leichte Unterfunktion bedeuten. Kommt überhaupt kein Ausschlag, so besitzt diese Niere keine zellulären Energieschwingungen. In diesem Fall ist die Ursache durch ärztliche Diagnose und Behandlung zu beseitigen.

Da jedes Körperorgan seine eigene Zellschwingung aussendet, kann mit der oben beschriebenen Methode jedes Organ einzeln getestet werden (Bild 5). Hierzu ist anzumerken, dass das Nachlassen der Zellschwingung - und damit das der Bioenergie - eines Organs der Beginn einer kommenden Krankheit ist. Eine derartige einmalige Messung genügt allerdings nicht, um zu einer stichhaltigen Diagnose zu kommen, da es sich unter Umständen nur um ein vorübergehendes Energiedefizit handelt, das durch äußere Umstände (Nahrungsmittelgenuss und so weiter) hervorgerufen wurde.

Akupunkturpunkte: Nun gibt es aber Organe, deren Zellschwingungen man nicht so direkt am Körper abnehmen kann, wie dies bei Herz, Niere, Magen und so weiter möglich ist. Das sind zum Beispiel Dünndarm, Nerven oder das Herz-Kreislauf-System. Um bei diesen Organen eine Aussage über ihre energetische Situation zu erhalten, benutzen wir die Akupunkturpunkte an den Fingern und den Zehen, siehe nachstehende Abbildung:

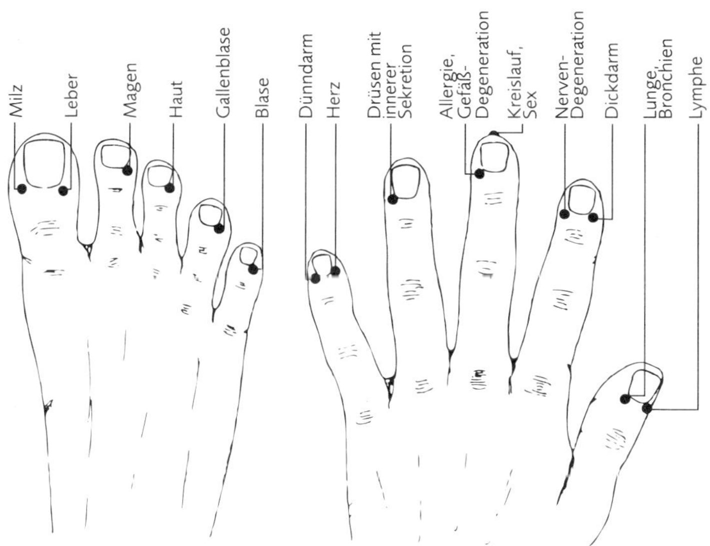

Bild 4 Chinesische Meridiane am Fuß und an der Hand

Der Test wird in derselben Weise vorgenommen, wie bereits bei den Organen beschrieben: Ein Finger der freien Hand nimmt an den Akupunkturpunkten die zellulären Organschwingungen ab und erhält durch den Ausschlag des RM ein Maß für die bioenergetische Situation dieser Organe. Hierzu noch eine andere Möglichkeit: Statt mit der Hand beziehungsweise den Fingern die Organpunkte anzutasten, können Sie auch ein sogenanntes Abtastkabel benutzen.

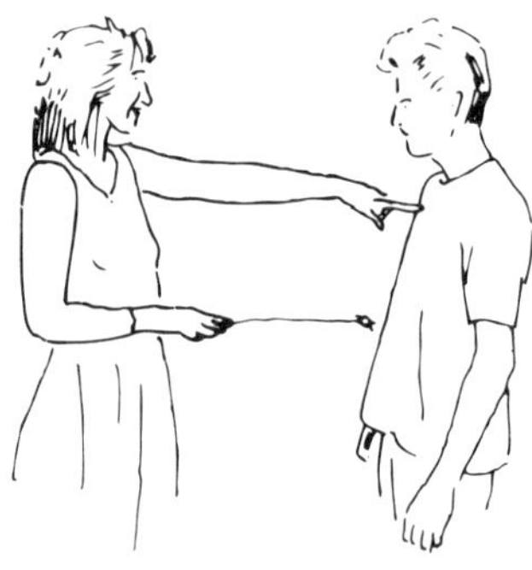

Bild 5

Ein Ende des Kabels wird in das freie Ende des Handgriffes am RM eingesteckt. Mit dem anderen Ende nimmt man an den Akupunkturpunkten der Organstellen die Energie der Zellschwingungen ab (Bild 6). Beide Methoden bringen dasselbe Ergebnis.

Bild 6

Energiestrahlen bei Pflanzen

Natürlich strahlen auch Pflanzen und Mineralien. Pflanzen zum Beispiel geben Energiestrahlen ab, solange sie leben, wohingegen wir bei toten Pflanzen keine Reaktion beim Messen mit dem RM erhalten. Beispiel: Halten Sie das RM über eine Topfpflanze, und merken Sie sich die Größe des Ausschlages (Auf- und Abschwingen) bei der Strahlenmessung. Dann halten Sie beide Hände über die Pflanze und konzentrieren sich auf den Gedanken, dieser Pflanze mit Ihren Händen Energie zuzuführen. Nach etwa zwei Minuten messen Sie die Energiestrahlung dieser Pflanze erneut. Sie werden überrascht sein: Sie hat eine weit stärkere Ausstrahlung als vorher. Darin liegt mit ein Grund, dass Pflanzen besser gedeihen, wenn man sie liebevoll behandelt oder mit ihnen spricht.

Und nun ein Beispiel in umgekehrter Reihenfolge: Soeben haben wir Energie an die Pflanze abgegeben - jetzt holen wir uns Energie von einem Baum. Prüfen Sie aber vorher, ob der Baum zu Ihnen "passt". Das tun Sie, indem Sie das RM waagerecht vor den Stamm halten und fragen: "Ist dieser Baum in Harmonie (Resonanz) mit meinem Organismus?" Schwingt das RM auf und ab, so bedeutet das "Ja". Schwingt es dagegen seitlich hin und her, so ist das als ein "Nein" zu deuten, und dieser Baum wäre für Sie nicht der geeignete, weil er nicht die für Sie günstige Energieschwingung hat. Den geeigneten Baum mit dem "Ja" dagegen umarmen Sie nun einige Minuten und konzentrieren sich darauf, von ihm Bioenergie zu erhalten. Die Energiemessung am eigenen Körper wird vor und nach der Umarmung des Baumes durchgeführt, indem die freie Hand etwa zwei bis drei Zentimeter vor den Brustraum gehalten wird (erste Aurahülle). Das RM wird nach der Umarmung des Baumes einen größeren Ausschlag zeigen als vorher. Intensive Strahlungen sind zum Beispiel auch bei Amethyst, Quarz und anderen Mineralien festzustellen.

4.
Verträglichkeitstest bei Nahrungsmitteln und Medizin

Test an der eigenen Person

Für die Verträglichkeit von Nahrungsmitteln oder Medizin gilt wie bei anderen Dingen auch: Was für den einen gut ist, passt nicht immer auch für den anderen. Die Frage ist also: Wie soll man erkennen, was man zu sich nehmen darf, ohne sich selbst zu schaden? Sofern alle Bedingungen aus Kapitel 2 eingehalten werden, erhalten wir eine einwandfreie Antwort durch das Radiometer.

Nachstehend werden die verschiedenen Methoden beschrieben: Halten Sie das RM waagerecht über den zu testenden Gegenstand (Nahrungsmittel oder Medizin, im Folgenden kurz "Substanz" genannt). Stellen Sie sinngemäß im Geiste die Frage: "Ist das für meinen Körper verträglich?" Das RM wird nach einigem Zögern auf- und abschwingen, wenn die Antwort "Ja" ist (Übereinstimmung mit Kopfnicken). Auch die Größe der Auf- und Abbewegung sagt uns, ob der Körper auf diese Substanz mehr oder weniger angewiesen ist. Schwingt das RM hingehen seitlich hin und her, so bedeutet dies ein "Nein" (Übereinstimmung mit Kopfschütteln). Auch hier können aus der Größe des seitlichen Ausschlages entsprechende Schlüsse gezogen werden. Eine andere Möglichkeit ist die, dass das RM weder eine Reaktion für "Ja" noch für "Nein" anzeigt, sondern kleine Kreise beschreibt. Das bedeutet, dass diese Substanz weder hilft noch schadet.

Bei einer anderen Testmethode wird die freie Hand nahe über die zu testende Substanz gehalten, ohne sie zu berühren. Die mentale Fragestellung und die Interpretationen der RM-Bewegungen sind dieselben wie vorher beschrieben.

Eine dritte Art und Weise des Verträglichkeitstests ist folgende: Sie halten die Substanz mit der freien Hand etwa 15 bis 20 Zentimeter vor den Körper, dazwischen halten Sie das Kugelkreuz. Bei dieser Prüfung empfiehlt es sich, das Kugelkreuz (oder den Ring) so zu halten, dass die seitlichen Spitzen nach oben und unten zeigen (der Ring steht senkrecht), das heißt, dass die Kugel beziehungsweise der Ring um 90 Grad gedreht ist. Bei einer "Ja-Aussage" wird jetzt das Kugelkreuz zwischen Substanz und Körper hin- und herschwingen. Das bedeutet eine gute Beziehung beziehungsweise Verträglichkeit. Bei einer "Nein-Aussage" wird die Antenne zwischen Substanz und Körper senkrecht auf- und abschwingen, was sinngemäß als eine "Trennung" gedeutet werden kann.

Verträglichkeit bei anderen Personen

Der Test bei anderen Personen wird genauso durchgeführt wie oben beschrieben, nur mit dem Unterschied, dass das RM auf die zu testende Person gerichtet ist und zu dieser Person auch eine mentale Beziehung aufgenommen wird (Bild 7). Dasselbe kann auch in umgekehrter Reihenfolge geschehen (siehe Bild 8).

Beispiel: Die freie Hand wird über die Substanz gehalten, das RM ist auf die Person gerichtet und der Blick geht über das Kugelkreuz zur Person (Bild 7). Die Frage ist dieselbe wie vorher beschrieben. Bei der anderen Methode wird die zu testende Substanz mit der freien Hand etwa 15 bis 20 Zentimeter vor den

Körper der zu testenden Person gehalten, das RM hält der Tester dazwischen und beobachtet seine Bewegung. An dieser Stelle sei nochmals darauf hingewiesen, dass das RM nicht immer sofort die endgültige Bewegung zeigt. Sie müssen deshalb bei jedem Test 10 bis 20 Sekunden warten.

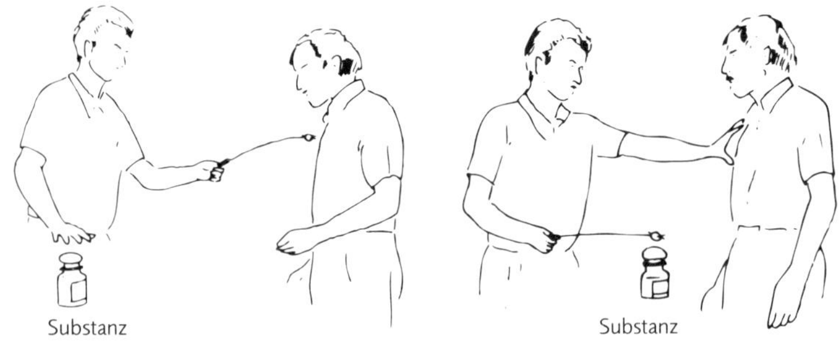

Bild 7 und 8

Besonderheiten

Beim Verträglichkeitstest von Medizin gilt folgende wichtige Besonderheit: Ein Mittel wurde zum Beispiel für bestimmte Krankheitssymptome des Herzens verordnet. Beim Test dieses Mittels, der sich allgemein auf den ganzen Körper bezieht, gibt das RM vielleicht nur eine ganz schwache "Ja-Nein-Reaktion" ab. Zur eindeutigen Kontrolle dieses Mittels geht man in diesem Fall wie folgt vor:

Die freie Hand oder das Abtastkabel halten Sie vor die Herzgegend der zu testenden Person. Damit ist diese Hand beziehungsweise das Abtastkabel Ihre Antenne, die die zellulären Herzschwingungen aufnimmt. Das RM halten Sie über das Medikament und warten auf seine Reaktion (Bild 8). Sehr wahrscheinlich erhalten Sie eine starke "Ja-Aussage". In derselben Art und Weise nehmen Sie nun mit der freien Hand jeweils die Strahlen an Leber, Nieren und Magengegend auf. Die mentale Frage lautet wieder: "Ist dieses Medikament für das Organ verträglich?" Sollten bei diesem Test "Nein-Aussagen" kommen, so ist daraus zu schließen: Diese Medizin ist zwar gut für das Herz, aber Magen, Leber oder Nieren werden dabei geschädigt. Hier sollten Sie Ihren Arzt vielleicht nach einer Alternative fragen.

EAP-Testampullen

Für die Suche beziehungsweise Entscheidung, welches Heilmittel für den Patienten vorteilhaft und verträglich ist, gibt es für den Arzt oder Heilpraktiker auch folgende Möglichkeit: Es werden die von den Pharmafirmen zusammengestellten EAP-Testsätze (EAP = Elektro-Akupunktur) benutzt. Bei diesem Verfahren werden mit dem Finger der freien Hand oder mit dem Abtastkabel die für die vorliegende Krankheit empfohlenen Ampullen nacheinander abgetastet. Sobald das RM, das auf den Patienten gerichtet ist, in eine deutliche Auf- und Abbewegung übergeht, wird damit die Verträglichkeit des Mittels signalisiert. Es ist empfehlenswert, anschließend die gefundene Ampulle herauszunehmen und vor dem Körper des Patienten nochmals zu testen. Dasselbe gilt für das Testen von Bachblüten.

Begründung zu den Reaktionen des RM bei Lebensmittel- oder Medizintests

Zum besseren Verständnis dafür, warum das RM bestimmte Nahrungs- oder Arzneimittel bei manchen Personen als verträglich signalisiert und bei anderen ablehnt, soll diese Frage hier noch kurz erläutert werden: Durch falsche Ernährung oder sonstige Einflüsse (Stress, Ärger, pathogene Störzonen und so weiter) werden die chemischen Konstanten des Zellplasmas verändert. Dies hat einen großen Einfluss auf die Bioenergie und die Schwingungen des Zellfadens (DNS). Oder ganz allgemein ausgedrückt: Die elektrischen Eigenschaften der Zellen (Kapazität, Selbstinduktanz und Leitfähigkeit) werden dadurch verändert. Das Zellplasma hat im normalen Zustand einen pH-Wert von 7,2, doch durch falsche Ernährung oder sonstige Einflüsse kann nun zum Beispiel der pH-Wert von 7,2 auf 6,5 verschoben werden. Da ein pH-Wert von 6,5 im Säurebereich (pH 1-7 = Säurebereich) liegt, lehnt das RM ein Nahrungsmittel, welches dem Säurebereich zuzuordnen ist, ab. Der Grund ist sehr einleuchtend: Säure ist pluspolig!

Da in dem nachfolgenden Beispiel die Plasmaflüssigkeit der Zelle leicht pluspolig ist und das Nahrungsmittel die gleiche Polarität hat, stoßen sich beide gegenseitig ab. Es sollten also in diesem Falle überwiegend Lebensmittel zugeführt werden, die im basischen Bereich (minuspolig) sind. Solche Nahrungsmittel würde das RM in dem oben erwähnten Beispiel als verträglich signalisieren (mit einem "Ja"). Befindet sich die Zelle dagegen im basischen Bereich, so ist es umgekehrt.

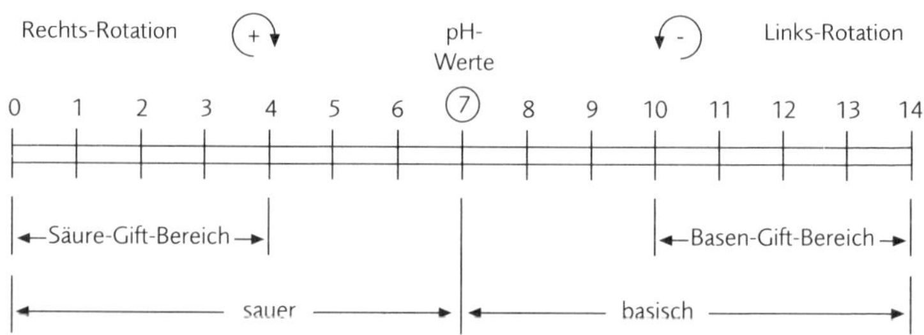

Bild 9

5. Messung von Polaritäten

Praktische Übungen

Wir unterscheiden:
pluspolige Strahlen = Yang (männl. Prinzip)
minuspolige Strahlen = Yin (weibl. Prinzip)

Halten Sie das RM über den Pluspol einer Stabbatterie, und stellen Sie sich im Geiste auf die Frage ein: "Welche Polarität hat dieser Batteriepol?" Gleichzeitig erwarten Sie, dass das RM am Pluspol rechts- (im Uhrzeigersinn) und am Minuspunkt linksherum (entgegen dem Uhrzeigersinn) rotiert. Oder anders ausgedrückt: Das Kugelkreuz beschreibt bei Pluspoligkeit einen Rechtskreis und bei Minuspoligkeit einen Linkskreis. Diese Übung an der Batterie sollte der Anfänger öfter wiederholen. Auch hier können Sie wie beim Lebensmittel- oder Energiestrahlungstest den Batteriepol mit dem Finger der freien Hand berühren, während der Blick auf das Kugelkreuz des RM gerichtet bleibt.

Um die eigene Sensitivität zu trainieren, können Sie auch die Polarität Ihrer Finger testen. Denn der Mensch hat, genau wie eine Batterie, Plus- und Minuspolung. Man sagt auch, er ist bipolar. Beispiel: Spreizen Sie die Finger der freien Hand so weit wie möglich. Halten Sie das Kugelkreuz etwa drei bis vier Zentimeter vor den Daumen, und fragen Sie: "Welche Polarität hat dieser Finger?" Nach einer Weile fängt das RM an, Kreise zu beschreiben.

Das wiederholen Sie vor jedem Finger. Sie werden feststellen, dass jeder Finger abwechselnd eine andere Polarität hat. Die Größe der Kreise ist wiederum ein Maß für die vorhandene Energiestrahlung.

Diagnose von Krankheitssymptomen

Nun wollen wir uns Polaritätstests zuwenden, die für unsere Gesundheit besonders wichtig sind. Wie schon gesagt, ist unser Körper bipolar eingestellt. Dabei ist es äußerst wichtig, dass die Minus- und Pluspole im Gleichgewicht sind, und bei einem Test müssen somit die Plus- und Minusstrahlungen gleich große Kreise ergeben. Das können wir an verschiedenen Generalpunkten messen. Zwei Beispiele:

a) Minuspol am Nabel - zugehöriger Pluspol am Kehlkopf

b) Minuspol an der Kinngrube - zugehöriger Pluspol zwischen den Augenbrauen

An diesen Punkten können Sie sowohl die Polarität als auch (bei entsprechender mentaler Einstellung) die Energiestrahlung feststellen. Ist zum Beispiel der Pluspol schwächer als der Minuspol, so spricht man von einem Polaritätsausfall. Umgekehrt trifft das auch auf den Minuspol zu. Solche Ausfälle sind sehr häufig anzutreffen (zum Beispiel bei Kopfschmerzen), und ein Polaritätsausfall kann reguliert werden durch Pyramiden-Energie (siehe Kapitel "Praktische Nutzung der kosmischen Bio-Energie aus der Pyramide") oder durch EAP-Geräte.

Polaritätsmessung an Organpunkten

Sehr aufschlussreich ist die Polaritätsmessung, wenn zum Beispiel festgestellt wurde, dass ein Organ oder eine Hautstelle keine energetische Strahlung (Auf- und Abschwingen) abgibt. In diesem Fall müssen Sie sich mental auf Polaritätsmessung einstellen. Zeigt beim Abtasten mit dem Finger oder besser mit einem Punktgriffel am Abtastkabel das RM an einer Organstelle eine Rechtsrotation, so deutet das auf eine *Pluspoligkeit* hin, was mit Sicherheit auf eine Entzündung beziehungsweise Krankheitssymptome schließen lässt. Je nach Größe der Kreise am Kugelkreuz kann auf den augenblicklichen Stand der Entzündung oder Krankheit geschlossen werden. Oft ist es auch so, dass das Kugelkreuz des RM ganz schwach abwechselnd rechts- und linksherum dreht. Dies deutet dann einen Übergang von gesund auf krank oder umgekehrt an.

Merke:
Rechtsrotation des RM bedeutet bei Organtests Pluspoligkeit, die auf Krankheitssymptome schließen lässt! In solchen Fällen ist auch keinerlei energetische Zellschwingung feststellbar.
Linksrotation des RM bedeutet bei Organtests Minuspoligkeit, was auf gesunde Gewebestellen oder Organe schließen lässt.

pH-Zustand des Zellplasmas

Eine andere Schlussfolgerung gegenüber den Aussagen des Kapitels "Polaritätsmessung an Organpunkten" ist dagegen zu ziehen, wenn Sie mental die Aura einer Person anpeilen mit der

Frage: "Befindet sich diese Person im sauren oder im basischen Bereich?" Dieser Test bezieht sich generell auf den pH-Zustand des Zellplasmas, hat also mit Krankheitssymptomen zunächst nichts zu tun. In Kapitel 4, "Verträglichkeitstest bei Nahrungsmitteln und Medizin", wurde bereits eine Erklärung hierzu gegeben. Nach der oben gestellten Frage wird das RM jedenfalls rechte oder linke Kreise ausführen. Zur Wiederholung: Rechtskreise bedeuten hier: pluspolig im Säurebereich zwischen pH 1 bis 7. Linkskreise bedeuten: minuspolig im basischen Bereich zwischen pH 7 bis 14.

Pendelt das Kugelkreuz des RM leicht zwischen Rechts- und Linkskreisen oder steht es still, dann befindet sich das Zellplasma bei pH 7. Zur Kontrolle des abgefragten Resultates testet man eine basische und eine saure Substanz auf Verträglichkeit gegenüber der Person. Ergab zum Beispiel vorher die mentale Abfrage einen Rechtskreis (pluspolig = Säurebereich), dann muss beim Verträglichkeitstest mit einer Säuresubstanz eine Ablehnung gezeigt werden. Dagegen wird bei der basischen Substanz eine Verträglichkeit festzustellen sein. Sie können sich die Kontrollsubstanzen im Übrigen auch selbst beschaffen: Als saure Substanz geben Sie etwas Essig (pluspolig) in eine kleine verschließbare Flasche. Als basische Substanz nehmen Sie eine alkalische Lösung (minuspolig). Diese Substanzen nennt man auch Referenzsubstanz.

Folgerung: Gleiche Polaritäten stoßen sich ab, ungleiche Polaritäten ziehen sich an. Der Nutzen aus dem oben angegebenen Beispiel ist die gezielte Auswahl der Lebensmittel beziehungsweise der Medizin, um den pH-Wert wieder auf das Normalmaß zu bringen.

6. Krebstest

Sicher haben Sie schon einmal bemerkt, dass verschiedene Bäume am Stamm dicke Beulen aufweisen. Solche Bäume stehen immer auf pathogenen Störzonen, meist sogar auf Kreuzungen, und werden dadurch krebskrank. Die Beulen sind Krebsauswüchse und haben dieselbe Strahlungsfrequenz wie die menschliche Krebszelle, nämlich 22,5, was man mit dem Sanotron-Gerät der Firma *Rayonex* nachmessen kann.

Bild 10

Aus den Krebsbeulen des Baumes lässt sich folgendermaßen eine Kontrollsubstanz herzustellen: Die Rinde an den Beulen entfernen und mit einem Schnitzwerkzeug Späne abspalten. Diese kommen in eine kleine Flasche oder ein Glasröhrchen mit Verschluss. So erhalten Sie eine ideale Kontrollsubstanz. Oder Sie können an Bild 10 die Reaktion des RM gegenüber den krebsigen Baumzellen feststellen. Das RM signalisiert die Krebsstrahlung wie folgt: Eine Rechtsrotation, dann Übergang in seitliche Hin- und Herbewegungen, danach wieder Rechtsrotationen und seitliches Hin- und Herschwingen. Diese Bewegungen wiederholen sich immer wieder, sofern die Krankheit sich noch im Anfangsstadium befindet. Wie immer ist auch hier die Größe der Rotation und der Ausschläge sowie ihre Dauer ein Maß für den Krankheitsfortschritt. Geht das RM dagegen nach dem seitlichen Hin- und Herschwingen in einen Stillstand über, so ist daraus zu folgern, dass sich die Krankheit bereits in einem fortgeschrittenen Stadium befindet.

Der Krebstest an Personen, Fotos oder Handschriften wird genauso vorgenommen wie in Kapitel 4 beschrieben. Zeigt das RM eine Beziehung zu dem zu testenden Objekt an, dann bedeutet das, dass die zellulären Krebsschwingungen mit der Kontrollsubstanz in Resonanz stehen. Je nach Stärke der Ausschläge des RM kann das Stadium des Krebssymptoms in etwa erkannt werden. Die mentale Einstellung bei diesem Test lautet: "Besteht hier eine Resonanz?" (Übereinstimmung der Schwingungsfrequenz).

Sie werden bei diesem heiklen Thema sicher verstehen, dass solche Messungen nur durch medizinisch ausgebildetes Fachpersonal durchgeführt werden dürfen.

7.
Radioaktive Strahlungen

Diese Kontrollmessung sollte unbedingt in regelmäßigen Abständen an der Person und bei Lebensmitteln durchgeführt werden. Als Kontrollmittel benötigt man auch hier etwas, das radioaktive Strahlen aussendet. Ein einfaches Mittel ist für diesen Fall eine Fotografie oder Kopie eines durch radioaktive Bestrahlung erkrankten Menschen. Solche Bilder findet man ab und zu in Zeitungen oder Illustrierten. Oder Sie benutzen einfach das hier abgedruckte Bild eines strahlenverseuchten Arbeiters aus Tschernobyl (Bild 11).

Bild 11

Zur Überprüfung, ob dieses Bild radioaktive Strahlen aussendet, halten Sie das Radiometer etwa fünf Zentimeter über das Bild und fragen: "Welche Strahlung hat dieses Bild?" Das RM wird dann Rechtskreise ausführen und danach übergehen in Auf- und Abbewegungen, bis das RM nach einer Weile stehen bleibt. Das Stehenbleiben bedeutet, dass dieser Mann einer tödlichen Strahlungsdosis ausgesetzt war. Bei Lebensmitteln oder Personen, die nur leicht radioaktiv verstrahlt sind, würde das RM nach einigen Auf- und Abbewegungen wieder von vorne mit Rechtsrotationen beginnen.

Als Kontrolltest bei Personen oder Nahrungsmitteln halten Sie die freie Hand als "Antenne" über das obige Bild und richten das RM auf das Nahrungsmittel oder die zu testende Person. Das Messergebnis wird noch deutlicher, wenn in den RM-Griff ein Kabel eingesteckt wird, an dessen Ende eine metallisierte Flächenelektrode (etwa 5 x 5 Zentimeter) angebracht ist. Diese Flächenelektrode dient dann anstelle der Hand als "Empfangsantenne". Auf die mentale Fragestellung: "Besteht zwischen beiden eine Resonanz?" wird das RM mit einem Ja oder Nein antworten, und je nach Größe des Ausschlages - zum Beispiel bei einem Ja - liegt eine mehr oder weniger starke Bestrahlung vor. Eine exakte Messmethode bietet der Messkreis "Radioaktivität" im Kapitel "Messkreis für radioaktive Strahlung".

8. Auswertung von Handschriften, Fotos oder Fotokopien

Aus Handschriften, Fotos oder aus den davon angefertigten Fotokopien ist es möglich, alle Ausstrahlungen der betreffenden Personen mit dem RM abzufragen. Das klingt mysteriös und unerklärlich, doch wir sollten uns damit abfinden, dass es funktioniert. Außerdem wurde diese Methode, wie in wissenschaftlichen Publikationen nachzulesen ist, parapsychologisch bewiesen.

Bereits in Kapitel 6, "Krebstest", und in Kapitel 7, "Radioaktive Strahlungen", haben wir festgestellt, dass das RM auf das Bild eines Krebsbaumes und einer radioaktiv bestrahlten Person entsprechend reagiert. Nachstehend soll eine Methode beschrieben werden, wie Sie die Energie einer Person auf ein Papier übertragen können:

Wir benutzen ein Blatt Papier, auf dem wie in Bild 12 der Umriss einer Person aufgezeichnet ist. Damit das Blatt von eventuellen Fingerabdrücken frei ist, fahren Sie mit der Handfläche von unten nach oben über das Papier. Die Kontrolle mit dem Radiometer wird dann bei der Frage: "Ist das Papier mit dem Bild strahlungsfrei?" mit "Ja" beantwortet. Je nachdem, was Ihnen zur Verfügung steht, legen Sie nun für einige Sekunden auf das Blatt entweder:

- die Hand der zu testenden Person,
- eine Handschrift der Person (Brief, Karte oder Unterschrift) oder
- ein Foto der Person.

In jedem dieser Fälle haben Sie dieselben Abfragemöglichkeiten; es ist, als würde die Person persönlich vor Ihnen sitzen. Mit diesem Verfahren haben Sie nämlich alle Ausstrahlungen der Person auf das Papier übertragen.

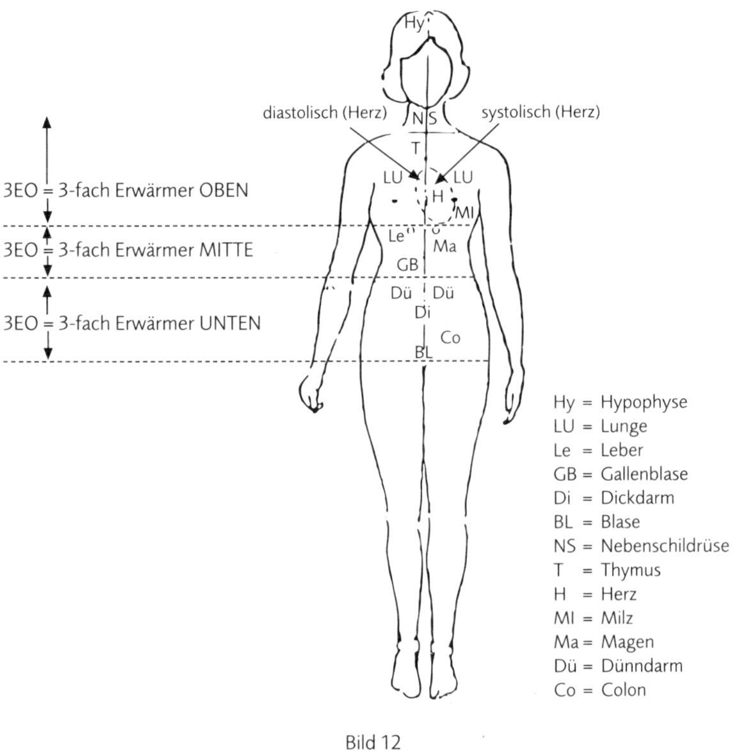

Bild 12

Nun halten Sie das RM über die Figur auf dem Blatt Papier und konzentrieren sich mental auf Ihre Frage wie zum Beispiel: Ist diese Person krank? Wenn ja, dann können Sie die einzelnen Organe nacheinander abfragen. Zur schnelleren Lokalisierung der Krankheit können Sie die Suche auch eingrenzen und zuerst die drei Bereiche des "Dreiteiligen Erwärmers" (Meridian des Sanjiao) abfragen: den Brustkorb als oberen, die Bauchhöhle als mittleren und das kleine Becken als unteren Bereich.

Ferner:

- Abfragen der funktionalen Zellblockade (siehe Kapitel 9)
- Verträglichkeitsbestimmung der eventuell notwendigen Medizin
- pH-Wert im Hinblick auf die Auswahl der Ernährung
- pathogene Strahlungen

Bei Letzterem wird erst abgefragt, ob pathogene Störzonen am Schlafplatz vorliegen. Wenn "Ja", dann wird nach Wasseradern, Currynetzen, kosmischen Strahlen und so weiter gefragt. Interessanterweise können Sie sogar die Lage der festgestellten Störzonen in der Personenskizze einzeichnen. Zu diesem Zweck tastet man mit einer Punktelektrode oder mit dem Abtastkabel das Blatt rund um die gezeichnete Figur ab und beobachtet dabei das RM. Die mentale Frage dabei lautet: "Welche Störzone ist hier?" Je nach Reaktion des RM können Sie so alle Störzonen verfolgen und einzeichnen. Wenn alles richtig durchgeführt wurde, muss die Kontrolle am Bettplatz oder direkt an der Person mit den aufgezeichneten Störzonen übereinstimmen.

Das direkte Abfragen an Fotos, Handschriften oder nach der bei Bild 12 beschriebenen Art und Weise hat gewisse Vorteile gegenüber dem Test an der Person:

1. Sie können die Messungen beziehungsweise Auswertungen in aller Ruhe und zu jeder Tageszeit ausführen.
2. Es besteht nicht die Möglichkeit, dass Sie von der Person abgelenkt oder beeinflusst werden.

9. Messung der Zellschwingungen

Durch äußere Einflüsse, wie zum Beispiel falsche Ernährung, Stress, Drogen und Ähnliches, werden die chemischen Konstanten des Zellplasmas aus dem Gleichgewicht gebracht, was zu Zellfunktionsstörungen führt. (Dieser Vorgang tritt nicht plötzlich auf, sondern es dauert unter Umständen Jahre, bis man die Störungen feststellen kann.) Im gleichen Maße nimmt die Zellenergie und damit die zelluläre Schwingung ab. Dieselbe Schädigung liegt vor, wenn sich der Mensch regelmäßig auf einer pathogenen Störzone (zum Beispiel sein Bettplatz) aufhält. Über diesen Zonen werden die Luftmoleküle übermäßig pluspolig aufgeladen (Ionisierung), und durch dieses Ungleichgewicht zwischen Plus- und Minus-Ionen wird das Gleichgewicht der bipolaren Zellkräfte beständig gestört.

Die in diesem Abschnitt gebrauchte Bezeichnung "funktionale Störung der Zellschwingung" wurde gewählt, weil sie für die beschriebenen Symptome zutreffender ist als das von anderen Autoren gewählte Wort "Zellkernerregung". Die nachstehende Skizze verdeutlicht die Entwicklung einer solchen funktionalen Zellschwingung. Die fortschreitende Zellstörung wird in sechs Stufen unterteilt, und in Bild 13 sind die verschiedenen Phasen bis zur Erkrankung dargestellt.

Zur Bestimmung, in welchem Bereich sich eine Person befindet, gehen Sie folgendermaßen vor: Sie richten das RM auf die zu testende Person, auf das Foto oder die Handschrift. Im Geiste stellen Sie sich die Skizze in Bild 13 vor und fragen ab: "Ist die

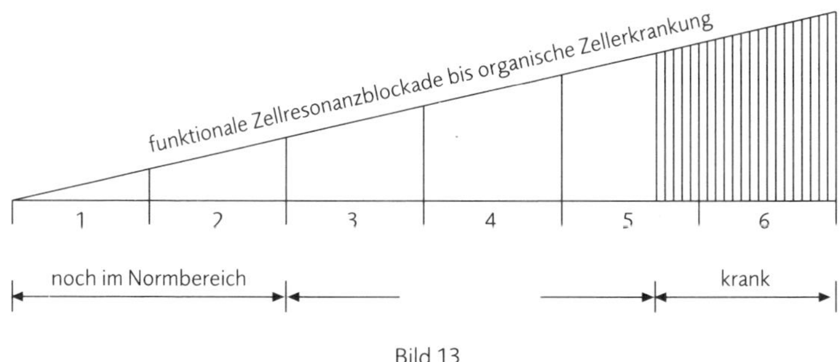

Bild 13

Person in einer Zellstörung Stufe 1 ... 2 ... 3 ... und so weiter?" Das RM wird bei den nicht zutreffenden Stufen seitlich hin- und herschwingen ("Nein") und bei zutreffender Stufe auf- und abschwingen ("Ja"). Natürlich sind auch Zwischenwerte wie zum Beispiel 4.5, 4.6 und so weiter möglich. Sehr viel einfacher ist eine solche Stufenermittlung mithilfe eines Messkreises (siehe Kapitel "Messkreis zur Ermittlung von Zellfunktionsstörungen").

Es ist wichtig, den Grad der Zellfunktionsstörung vor einer Bettplatzsanierung und vor Beginn einer Therapie festzuhalten. Zahlreiche Fälle haben bestätigt, dass nach erfolgreicher Bettplatzsanierung und Therapie die Zellstörungen wieder zurückgehen.

10.
Elektrisches Blut

Viele Menschen sind während des Tages zum Beispiel am Arbeitsplatz oder auch am Bettplatz hohen elektromagnetischen Wechselschwingungen ausgesetzt. Verursacher hiervon sind alle elektrischen Geräte, Maschinen, Radiowecker, Bildschirme und so weiter (siehe Kapitel "Aufladung der Luftmoleküle durch elektrische Wechselfelder-Ionisierung"). Eine häufige Folge davon ist unter anderem, dass das Blut seine magnetischen Eigenschaften verliert und dafür elektrische Eigenschaften annimmt, was gesundheitliche Schäden verursacht (Anämie).

Inwieweit dieser Einfluss bereits eingetreten ist, kann mit dem RM wie folgt einwandfrei überprüft werden: Sie brauchen hierzu eine Stabbatterie und einen kleinen Magneten – es genügt schon ein Kompass mit einer Magnetnadel. Mit einem Finger der freien Hand oder einem Handgriffel, der über ein Kabel mit dem Handgriff des RM verbunden ist, nehmen Sie Kontakt am Akupunkturpunkt "Herz" des linken kleinen Fingers beim Patienten auf. Das Kugelkreuz des RM halten Sie über den Pluspol der Stabbatterie. Die Fragestellung lautet: "Besteht zwischen dem Blut und der Batteriestrahlung Resonanz?" Bei elektrischem Blut würde das RM nun auf- und abschwingen (Beziehung, Resonanz, Übereinstimmung). Als Kontrolle halten Sie nun das Kugelkreuz des RM über den Magneten. Hier wird es in dem angenommenen Fall seitlich hin- und herschwingen (Ablehnung, keine Resonanz). Umgekehrt wird das RM bei magnetischem Blut über einer Stabbatterie seitlich hin- und herschwingen und beim Magneten als Zeichen der Beziehung (Resonanz) auf- und abschwingen.

Diese beiden beschriebenen Fälle treffen zu, wenn das Blut elektrisch oder ganz magnetisch ist. Es gibt aber auch Zwischenstufen. Dann reagiert das RM zum Teil über der Batterie und zum Teil über dem Magneten mit kleinen Auf- und Abschwingungen (Resonanz, Beziehung) Je nachdem, wie groß die einzelnen Ausschläge sind, können Sie den prozentualen Anteil abschätzen, zum Beispiel 70 Prozent elektrisch und 30 Prozent magnetisch. Wie die Verursacher dieser Symptome gemessen und beseitigt werden können, lesen Sie im nächsten Abschnitt.

11. Aufladung der Luftmoleküle durch elektrische Wechselfelder-Ionisierung

Luftmoleküle in der freien Natur und in Räumen

Die Luftmoleküle in der freien Natur sind im gleichen Verhältnis plus- und minuspolig aufgeladen, das heißt, beide befinden sich im Gleichgewicht. Man bezeichnet diese aufgeladenen Teilchen auch als *Ionen*. Misst man dagegen die Ionenverteilung der Luft in unseren Räumen, so stellt man fest, dass ein starkes Ungleichgewicht besteht, indem die Plus-Ionen überwiegen. Die Ursache hiervon sind die elektrischen Wechselfelder. Durch sie werden in ständigem Wechsel Magnetfelder auf- und abgebaut, was die Plus-Ionisierung der Luftmoleküle zur Folge hat. Sie sind in allen Räumen (zum Beispiel Schlafraum, Büro) als ständiger Störkomplex vorhanden, und diese Felder durchdringen alles nahezu ungehindert. Belastungen im Schlafbereich können aber auch von außen, vor allem durch energietechnische Anlagen wie Hochspannungsleitungen, Dachanschlussleitungen, Eisenbahnlinien und so weiter in das Haus eindringen. Interne Verursacher sind Transformatoren in elektrischen Geräten wie Radioweckern, elektrischen Uhren, Fernsehgeräten oder aber Potenzialdifferenzen zwischen den verschiedenen Leitungsnetzen eines Hauses. Diese Felder sind durch ihre Plus-Ionisierung der Luft für den menschlichen Organismus sehr schädlich. Besonders extrem sind diese Erscheinungen in Betonbauten und Hochhäusern. Die Menschen reagieren unterschiedlich darauf, zum Beispiel mit anämischen Erscheinungen, Abgespanntheit, Kopfschmerzen, Allergien, elektrischem Blut und so weiter.

Leider reicht es in den meisten Fällen nicht, nachts nur für das Schlafzimmer die Sicherung herauszudrehen, da sehr oft noch andere Stromkreise einen Einfluss auf einen bestimmten Schlafplatz haben. Eine Netzfreischaltung ist in diesem Bereich zum Teil eine Lösung des Problems. Allerdings wird dies die gewünschte Wirkung nur dann bringen können, wenn durch eine exakte Messung eindeutig festgestellt worden ist, welche Stromkreise im Einzelnen einen Schlafplatz belasten. Dadurch wird auch sofort ersichtlich, inwieweit eine Netzfreischaltung überhaupt sinnvoll ist und wie viele Stromkreise auch aus den benachbarten Räumen beziehungsweise Wohnungen abgeschaltet werden müssen. Auch hier führt nur die genaue Untersuchung der Verhältnisse vor Ort zu wirklich sinnvollen Lösungen im Hinblick auf einen störungsfreien Schlafplatz.

Messung der Luftionisierung

Die Frage ist nun, wie misst man die anteilige Aufladung der Luftmoleküle, und was kann man dagegen tun? Zunächst die Messung dieser Plus-Minus-Verteilung mit dem RM auf einfache Art.

Wir gehen von der erwiesenen Tatsache aus, dass sich etwa ein bis zwei Zentimeter über jeder waagerechten Fläche ein pluspoliges Ionenfeld ansammelt. Dasselbe geschieht an der Unterseite mit Minus-Ionen (Bild 14).

Sie können dies kontrollieren, indem Sie das Kugelkreuz des RM etwa einen Zentimeter über die waagerechte Fläche halten und die mentale Frage stellen: “Welche Polarität herrscht hier?”

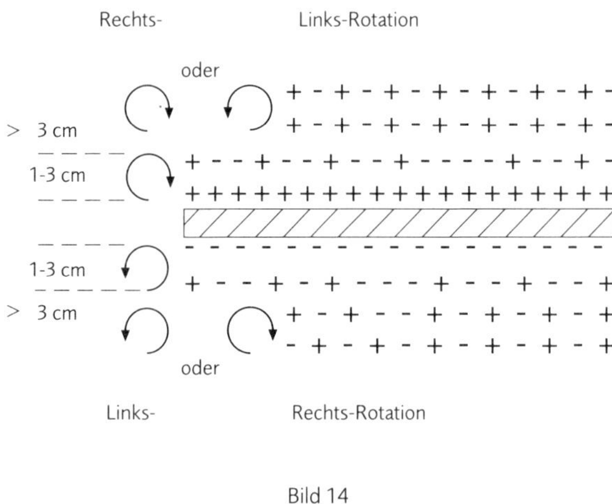

Bild 14

Das RM wird dann eine Rechtsrotation ausführen. Dann bringen Sie das Kugelkreuz langsam von der Oberfläche nach oben, und siehe da, nach etwa drei Zentimeter Abstand hört die stetige Rechtsrotation auf und geht abwechselnd in Rechts- und Linksrotation über. Dasselbe geschieht an der Unterseite mit der Linksrotation (Bild 15).

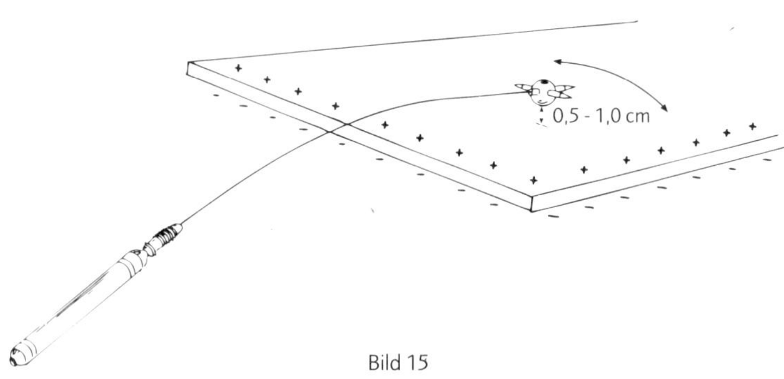

Bild 15

Und nun zur Quantitätsmessung der Ionenanteile: Halten Sie eine gerade Fläche (Buch, Karton oder die freie Hand) waagerecht vor sich, und das Kugelkreuz des RM halten Sie möglichst nahe (0,5 bis 1 Zentimeter) über die Oberfläche (siehe Bild 15). Die mentale Fragestellung könnte lauten: "Wie groß ist der Ausschlag für die Plus-Ionen?" Dann wird das RM beginnen, über der Oberfläche seitlich hin- und herzuschwingen. Wenn keine Steigerung mehr erfolgt, merken Sie sich in etwa die Größe des Gesamtausschlages. Dasselbe führen Sie dann an der Unterseite durch. War der Ausschlag an der Oberseite zum Beispiel zehn Zentimeter und an der Unterseite nur fünf Zentimeter, so können Sie daraus folgern, dass im Raum doppelt so viele Plus-Ionen sind wie Minus-Ionen. An der See oder im Hochgebirge erhalten wir in der freien Natur ein umgekehrtes Verhältnis, das heißt, dort sind die Minus-Ionen in der Überzahl, und bekanntlich fühlt sich der Mensch in diesem Klima sehr wohl.

Die vorstehende Messmethode wurde beschrieben, damit Sie einen besseren Einblick in das Phänomen der Luft-Ionisierung erhalten. Viel exakter und eleganter lässt sich die Luft-Ionisierung mit dem in Kapitel 15 ("Ermittlung der Plus-Minus-Ionenverhältnisse in der Luft") beschriebenen Messkreis messen.

Nun müssen wir versuchen, diesen Plusüberschuss an Ionen zu beseitigen. Dies geschieht mit einem sogenannten *Ionenausgleicher* (auch Ionenkiller genannt). Das ist ein etwa 25 Zentimeter langes Rohr mit einigen eingebauten Emitterspitzen und einem Erdkabel, das an der Schukosteckdose geerdet ist. Das Gerät verbraucht keinen Strom und hat keinen Verschleiß. Die Funktion beruht im Prinzip auf der sogenannten umgekehrten Kaminwirkung, bei der die Plus-Ionen abgesaugt und an die Erde abgegeben werden. Dieses Rohr wird in der Nähe einer Steckdose waagerecht und bündig an die Wand gelegt, am besten auf die Fußleiste oder auf zwei kleine Nägel in der Wand auflegen. Nach dem Anbringen des Gerätes wiederholen Sie die oben beschriebene Messmethode an der waagerechten Fläche, und Sie werden feststellen, dass die Ausschläge über und unter der waagerechten Fläche (oder Hand) gleich groß sind. Viele Anwendungen und Tests haben die gute Wirkung dieses Gerätes bestätigt.

Eine dankbare Anwendung dieses Ionenausgleichers ist auch im Auto oder in der Saunakabine möglich, denn bekanntlich nimmt die schädliche Plus-Ionisierung in der Sauna ab etwa 45 Grad Celsius sehr stark zu. Mit dem Anlegen eines Ionenausgleichers an eine Wand wird dieser störende Einfluss beseitigt. Es muss lediglich das Kabel des Gerätes so verlängert werden, dass es außerhalb der Kabine in eine geerdete Steckdose angeschlossen werden kann. Die Größe des Raumes spielt für die Funktion des Ionenausgleichers keine Rolle.

Hinweis:

Der hier beschriebene Ionenausgleicher ist leider nicht mehr erhältlich. Das Nachfolgeprodukt ist der E-Smog-Regulator, der das Übergewicht der Plus-Ionen beseitigt. Sie erhalten den E-Smog-Regulator bei *ReVitaMed*, Adresse am Ende des Buches.

12. Das Aufsuchen von pathogenen Störzonen

Allgemeines

Eine ausführliche Beschreibung der verschiedenen Störzonen, wie zum Beispiel Wasseradern, Currystreifen, Globalgitternetz und Verwerfungen, würde den Rahmen dieses Buches sprengen. Daher sollen hier nur die Methoden und Reaktionen des RM zur Erkennung der Störzonen beschrieben werden. Nähere Einzelheiten über die Eigenarten der oben erwähnten Störzonen können in der einschlägigen Fachliteratur nachgelesen werden.

Uns interessiert in erster Linie:

1. Welche Wirkungen haben die Störfaktoren?
2. Wie wirken sie auf den menschlichen Organismus?
3. Wie kann ich sie feststellen?
4. Was kann ich dagegen tun?

Diese vier grundsätzlichen Fragen sollen nun im Einzelnen beantwortet werden.

Störfaktoren:

a) Über den Störzonen entsteht eine Anomalie des Erdmagnetfeldes, das heißt, das Magnet-Kraftfeld läuft nicht mehr homogen von Nord nach Süd.

b) Die Störzonen strahlen ultrahochfrequente Schwingungen ab, sogenannte Erdstrahlen, die wegen ihrer subtilen Amplituden bislang mit keinem elektronischen Gerät eindeutig auf dem Bildschirm sichtbar gemacht werden können.

c) Über den Störzonen wird die Luft sehr stark ionisiert, das heißt, die Luftmoleküle werden einseitig pluspolig aufgeladen. Mit dem Messkreis (Bild 22, S. 88) werden in solchen Fällen etwa vier Plus- und nur ein Minus-Ion gemessen. Dort, wo sich Störzonen kreuzen, entstehen sogar bis zu sechs Plus-Ionen gegenüber einem Minus-Ion.

d) Weitere Parameter, die über solchen Reizzonen physikalisch verändert werden, sind: die Erhöhung des Hautwiderstandes, die Änderung der EKG-Befunde, ein Anstieg der Pulsfrequenz, die Luftleitfähigkeit wird größer und die Bio-Vitalenergie wird gedämpft.

Wirkungen der Störfaktoren auf den Organismus:

zu a) Die Anomalie des Erdmagnetfeldes ist zum Teil eine der Ursachen dafür, dass im Laufe der Jahre das Blut seine magnetischen Eigenschaften verliert, vorausgesetzt man befindet sich ununterbrochen auf einer Störzone.

zu b) Während die lebenswichtigen Strahlen aus dem Kosmos im Höchstfall bei einer Frequenz von etwa 10^{23} liegen, beträgt die Strahlungsfrequenz der Störzonen je nach Art zwischen 10^{38} und 10^{50} – diese letzte Zahl bedeutet also eine 1 mit 50 Nullen! Daraus können wir folgern, dass diese Störfrequenzen doppelt so hoch sind wie die lebensnotwendige kosmische Einstrahlung. Die oben angeführten Zahlen wurden mit dem nachstehend abgebildeten Messkreis gemessen (vergleiche auch Bild 27, S. 97).

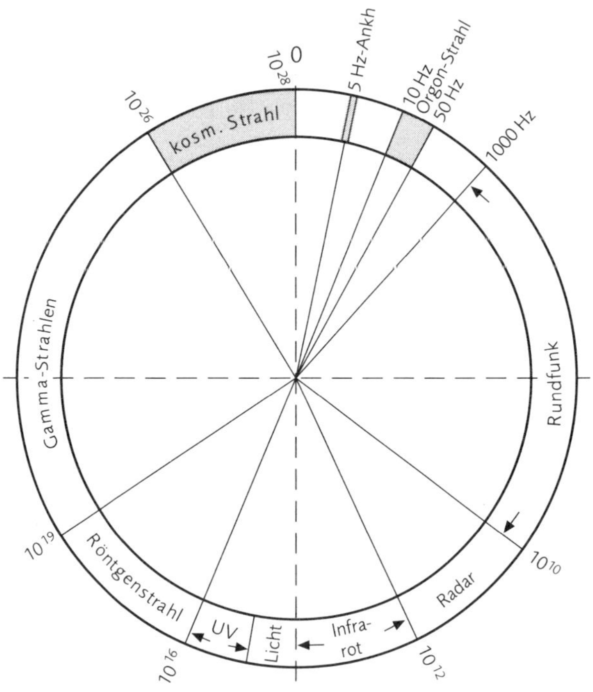

Bild 16 Frequenz (Schwingungen pro Sekunde)

Zu dem oben Gesagten ist noch folgender Hinweis interessant: Die minimale Energiestrahlung dieser Storfrequenzen ist das Haupthindernis einer exakten wissenschaftlichen Messung. Ihre Energieintensität beträgt weniger als ein Mikrowatt (= ein Millionstel Watt/cm^2).

Es ist bekannt, dass japanische Wissenschaftler eine komplizierte Messmethode mit Glasfasersensoren entwickelt haben, die aber der Allgemeinheit nicht zugänglich ist. Trotzdem ist es dem sensitiven Menschen mithilfe des Bio-Radiometers und dem oben abgebildeten Messkreis möglich, etwas von diesen geheimnisvollen und lebensfeindlichen Strahlen sichtbar zu machen: nämlich ihre Frequenzen, das heißt die Zahl ihrer schwachen Energieimpulse pro Sekunde. Dabei stellen wir überraschenderweise fest, dass ihre

Frequenz doppelt so hoch ist wie die der kosmischen Einstrahlung. Solche penetrant hohen Frequenzen der Störstrahlen sind somit die Ursache dafür, dass sie durch alle Materialien (Beton, Eisen und so weiter) ungehindert hindurchgehen. Dabei spielt es keine Rolle, ob es sich um ein Haus mit einem oder mit 30 Stockwerken handelt. Im Gegenteil, diese Strahlen sind in den oberen Etagen eher noch stärker als unten, da sie durch den Silizium-Kristallanteil in den Betondecken noch verstärkt werden.

Als ich diese frequenzmäßigen Unterschiede zwischen der kosmischen Einstrahlung und den Erdstrahlen zum ersten Mal erkannt und gemessen hatte, wurde mir klar, warum eine Pyramide oder ein Orgongerät über einer Störzone nicht mehr funktionieren kann: Beide werden nämlich erst durch die kosmische Strahlung zu ihrer Schwingungsverstärkung angeregt. Durch die sehr viel höheren Frequenzen der Störstrahlungen wird die kosmische Strahlung aber total abgeblockt. Die logische Folgerung aus dieser Erkenntnis ist, dass auch der Mensch keine kosmische Energie mehr erhält, wenn er über einer solchen Störzone schläft oder über längere Zeit sitzt. Doch wir brauchen die kosmische Energie, um unsere zellulären Schwingungen aufrechtzuerhalten ...! Hierzu möchte ich den Wissenschaftler Georges Lakhovsky zitieren: “Das Leben ist durch Radiation (Strahlung) entstanden. Es wird durch Radiation erhalten. Es wird durch jede Störung des Schwingungsgleichgewichtes vernichtet!”

zu c) Die starke pluspolige Aufladung (Ionisierung) der Luft über den Störzonen ist ein besonders aggressiver Störfaktor für die menschlichen Zellen. Da auch Zellen bipolar sind, das heißt, dass zwischen dem Zellinneren und dem Zelläußeren die Plus- und Minuspoligkeit bei gesundem Zustand im Gleichgewicht ist, werden sie durch die überwiegende Pluspoligkeit über Störzonen empfindlich gestört. Da das Gleichgewicht zwischen Plus und Minus zugleich den Ausgleich (Transport) der Nahrungsstoffe ermöglicht, wird über den Reizzonen somit auch die notwendige

Diffusion behindert. Hinzu kommt, dass in der Nacht die Luftionisierung durch die Störzonen um das Dreifache stärker wird als am Tag.

Einige Wissenschaftler geben auch zu bedenken, dass der menschliche Körper zu 70 Prozent aus Wasser besteht. Wenn aber ionisierende Strahlung auf Wasser trifft, entstehen sogenannte Wasserstoffradikale - und das sind starke Zellgifte. Die Wirkung solcher Zellstörungen trifft besonders hart und kurzfristig Kleinkinder. Bei Erwachsenen ist die Zeitdauer bis zu einer Erkrankung von der körperlichen Verfassung abhängig. Sie kann ein Jahr, aber auch bis zu 15 oder 20 Jahre dauern.

Methoden zur Lokalisierung von Störzonen

Wie Sie gleich erfahren werden, gibt es mehrere Möglichkeiten, Störzonen aufzufinden und zu identifizieren. Zur Kontrolle des Ergebnisses ist es sehr zu empfehlen, jeweils verschiedene Messmethoden an der gleichen Stelle durchzuführen. Suchen Sie sich aus der nachstehenden Aufzählung immer mindestens zwei Methoden heraus:

Messen mit dem Bio-Radiometer und

a) Identifizieren aufgrund der Bewegungsreaktionen des RM.

b) dem Messkreis für Störzonen (Bild 21, S. 86).

c) der Frage: Ist dieser Platz störungsfrei?

d) dem Messkreis "Bovismeter" über die Strahlungsintensität (Bild 20, S. 83).

e) dem Messkreis "Frequenzmessung" (Bild 27, S. 97).

f) Strahlungskontrolle mit einem Orgonverstärker.

g) Strahlungskontrolle mit einer Pyramide.

h) dem Messkreis über die Verteilung der Plus- und Minus-Ionen in der Luft (Bild 22, S. 88).

Wie mit den oben angegebenen Messkreisen gearbeitet wird, ist in den entsprechenden Kapiteln jeweils beschrieben.

Erkennen von Wasseradern

Es handelt sich hier um Wasseradern, die in unterirdischen Erdspalten oder -poren fließen. Sie können unter Umständen in 150 Metern Tiefe liegen. Bei der Strahlensuche fragt man zunächst ab: "Welche Strahlung liegt vor?" Das RM halten Sie dafür mit dem ausgestreckten Arm waagerecht vor den Körper. Die zu untersuchende Fläche (zum Beispiel den Bettplatz) langsam abgehen. Die freie Hand wird zur Faust geballt, damit keine anderen Strahlen aufgenommen werden. Gegebenenfalls kann auch mit der ausgestreckten freien Hand die Fläche abgetastet werden; sie wirkt dann in diesem Falle als Aufnahmeantenne für die unter der Hand befindlichen Störzonen. Diese Methode hat den Vorteil, dass das RM ruhiger gehalten werden kann, als wenn man während des Messens hin- und hergeht.

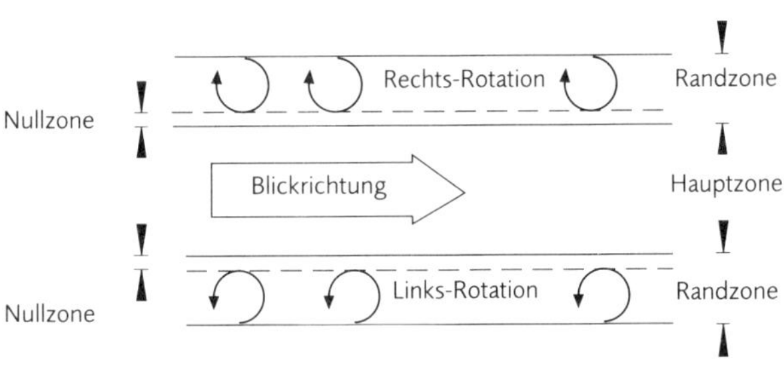

Bild 17

Reaktion des RM: Das Strahlungsfeld von Wasseradern besteht immer aus zwei Randzonen und der Hauptzone (Bild 17). In den

Randzonen fängt das RM an zu rotieren - und zwar immer nach innen zur Hauptzone. In der sehr schmalen Nullzone steht das RM still. In der Hauptzone beginnt es *auf- und abzuschwingen.*

Kontrolle: Hält man eine Ampulle oder ein Glas mit Wasser in die Nähe des Kugelkreuzes, dann stoppt die Auf- und Abbewegung und das RM beginnt nach rechts und links, also *seitlich hin- und herzuschwingen.*

Erkennen von Currynetzen

Diese Strahlung kommt aus dem Erdinnern, sie wird vermutlich hervorgerufen durch die radioaktiven Zerfallserscheinungen im flüssigen Magma. Das Currynetz besteht aus etwa 21 Zentimeter breiten Hauptzonen, die diagonal in beiden Richtungen zur Nord-Süd-Achse verlaufen. Der Abstand dieser Netzstreifen beträgt je nach Jahreszeit etwa 2,5 Meter (Bild 18).

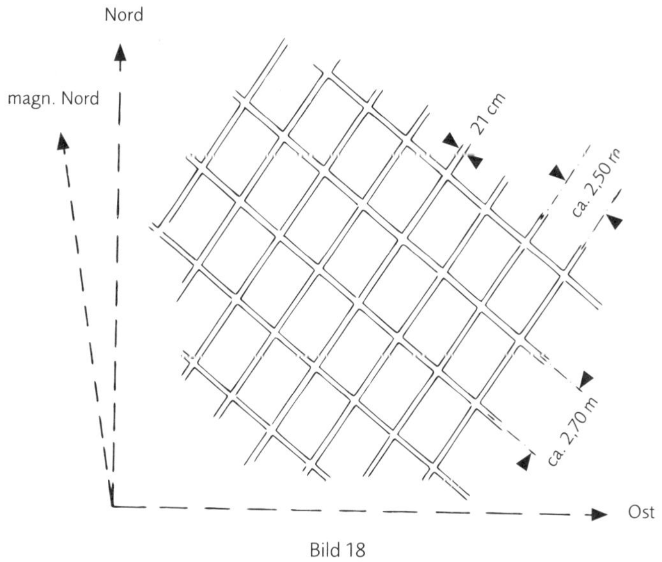

Bild 18

Das RM wird gehandhabt wie bei Wasseradern, und auch beim Currynetz rotiert das RM an den Randzonen immer nach innen zur Hauptzone (wie bei Wasseradern). In der Hauptzone dagegen beginnt das Kugelkreuz, seitlich nach rechts und links zu schwingen.

Kontrolle: Bei der Annäherung an Wasser hört die seitliche Schwingung auf und geht in eine senkrechte Auf- und Abschwingung über. (Alle Reaktionen sind entgegengesetzt zu denen bei Wasseradern.)

Kosmische Strahlen (Globalgitternetz)

Wie die Bezeichnung bereits sagt, kommen kosmische Strahlen aus dem Kosmos. Sie werden auch Globalgitternetz genannt. Ihre Strahlungszonen sind etwa 21 Zentimeter breit und verlaufen ungefähr in magnetischer Nord-Süd- und in Ost-West-Richtung. Der Abstand der beiden Strahlrichtungen beträgt je nach Jahreszeit etwa 2,4 Meter.

Das RM wird wie bei Wasseradern oder Currynetzen in waagerechter Haltung vor den Körper gehalten. In der kosmischen Strahlungszone rotiert das RM ständig in LINKSRICHTUNG; hier gibt es keine Randzonen. Um die Richtung der Strahlungszone zu finden, geht man genau wie bei Currynetzen oder Wasseradern von dem gefundenen Punkt aus einige Meter in Nord-Süd- oder Ost-West-Richtung und sucht dort eine zweite Stelle, die als kosmische Strahlung identifiziert werden kann. Die Verbindung beider Punkte ergibt die Störzone.

Kontrolle: Hält man bei der kosmischen Strahlung einen Magneten oder einen Kompass (Magnetnadel) in die Nähe des Kugelkreuzes, so hört die Rotation auf, und die Antenne beginnt auf- und abzuschwingen.

Abschließend sei zu diesem Kapitel vermerkt, dass das Erkennen und Lokalisieren von Störzonen nicht einfach ist. Dazu gehört viel Übung und die richtige mentale Einstellung. Insbesondere der Anfänger sollte sich so lange damit Zeit lassen, bis er sich durch die vorausgegangenen Abschnitte einige Routine und Selbstsicherheit erarbeitet hat.

13.
Möglichkeiten zur Abschirmung von Störzonen

Aussagen der Messkreise

Ehe wir uns mit der Bekämpfung von Störstrahlungen auseinandersetzen, ist es wichtig, vorher die Aussagen der Messkreise und der unter a) bis h) angeführten Hilfsmittel (siehe S. 65 f.) kennenzulernen. Erst dadurch können wir die Eigenarten der Störstrahlen beziehungsweise-zonen beurteilen und auswerten:

zu d) Der Messkreis über die Strahlungsintensität nach "Bovis" zeigt über Störzonen jeweils nur eine Intensität von höchstens 3000 Einheiten an. Normalerweise beträgt die kosmische Außenstrahlung je nach Standort über einem störungsfreien Platz mehr als 6000 Bovis-Einheiten.

zu e) Der Messkreis für Frequenzen gibt über Störzonen eine äußerst hohe Schwingungsfrequenz an. Sie liegt mehr als das Doppelte über der kosmischen Außenstrahlung.

zu g) Eine Pyramide kann über einer Störzone keine Strahlung abgeben (siehe Kapitel "Praktische Nutzung der kosmischen Bio-Energie aus der Pyramide").

zu h) Mit dem Messkreis über die Luft-Ionisierung erhalten wir den Beweis, dass über allen Störzonen eine überhöhte Plus-Ionisierung der Luft stattfindet.

Überblick über diverse Methoden

Um nun ein Bett oder einen Arbeitsplatz von der gesundheitsschädigenden Wirkung einer Störstrahlung zu befreien, muss in erster Linie die wichtigste Forderung erfüllt sein, nämlich die Aufhebung der extrem hohen Frequenzen, die aus den Störzonen abstrahlen! Es gibt im Handel eine Unzahl von angepriesenen Mitteln, die diese Forderungen angeblich erfüllen, doch vor den meisten muss eindringlich gewarnt werden. Auch die von Versandhäusern angebotenen kupferdurchwirkten Decken sind kein brauchbares Mittel zur Entstörung. Es gibt daneben noch sogenannte Antennen, Schwingkreise, Magneten oder auch Blechbüchsen mit angeblichen Diamantsplittern im Inneren, was alles wirkungslos ist. Das Schlimmste, was ich einmal gefunden habe, waren große Spiegel unter dem Bett, die "jemand" empfohlen hatte, oder gar von einem "Geobiologen" empfohlene teure Bleiplatten unter dem Bettplatz. Eine andere Methode, die wenigstens einen sehr wichtigen Störfaktor eliminiert, sind die von Dr. Oberbach und anderen Firmen angebotenen "Absorbermatten". Ich selbst hatte dieses Prinzip früher empfohlen, da es nichts Besseres gab, denn dabei werden wenigstens die starken Plus-Aufladungen der Luft über der Störzone abgesaugt und durch die Erdung abgeleitet. Doch dabei ist leider die akute Strahlungsfrequenz der Störzonen nach wie vor wirksam.

Eine ganz ungewöhnliche Methode ist das sogenannte "Transformerbetttuch" von der Firma *Körbler* aus Österreich. Die Reklame war so bestechend, dass ich mir sagte: "Wenn das alles stimmt, können wir unsere Strahlenprobleme einfach und billig lösen." Begeistert bestellte ich mir ein solches Transformerbetttuch und testete es mit allen mir zur Verfügung stehenden Mitteln. Ein Tranformerbetttuch kostet aktuell ca. 100 Euro. Tatsächlich konnte ich mit der Einhandrute keine Störstrahlung von den auf diesem Platz verlaufenden Wasseradern und dem Currynetz mehr feststellen. Auch die Ionisierung der Luft über dem Tuch war gut, nämlich ein Plus- und ein Minus-Ion. Das ist wirklich ein gutes Ergebnis. Aber nach weiteren Kontrollen musste ich feststellen, dass über dem Tuch keine Pyramide und kein Orgonstrahler mehr funktionierten, und daraus lässt sich folgern, dass über diesem Tuch keine kosmische Einstrahlung vorhanden ist. Messungen mit dem Bovis und mit Frequenz-Messkreisen zeigten weder eine Strahlungsintensität noch eine Frequenz-Schwingungszahl an! Diese Tatsachen kann jeder Radiästhet nachprüfen und selbst entscheiden, ob er dieses Entstörmittel verwenden will. Für einen kurzen Hotelaufenthalt oder im Urlaub, wo man jeden Tag wandern oder schwimmen geht, ist dieses Tuch ohne Weiteres zu empfehlen, da anschließend neue Energie "getankt" wird; ansonsten würde ich aber davon abraten.

Zur Kontrolle der Wirkungen des Tranformerbetttuches ließ ich meine Frau eine Woche auf diesem Betttuch schlafen. Ergebnis: 2000 Bovis-Einheiten. Normalerweise hat sie immer rund 6500 BE nach dem Aufstehen. Um nun das durch das Transformerbetttuch entstandene Energiedefizit zu beheben, musste sie anschließend immer mit einer Orgonpyramide aufgeladen werden und hatte dann wieder eine volle Energiesituation von rund 8000 Bovis-Einheiten.

Zur Begründung und auch zum besseren Verständnis des geschilderten Nachteils sei nochmals Folgendes verdeutlicht: Auf einem ungestörten (oder gut entstörten) Bettplatz gehen normalerweise die kosmischen Strahlungsfelder, die sämtliche Wellenlängen umfassen, durch unseren Körper hindurch. Durch sie werden in den Zellen des Organismus die zum Leben notwendigen zellulären Schwingungen induziert. Dies kann bei Benutzung des Transformertuches nicht stattfinden. Dieselbe nachteilige Wirkung ist auch bei den zum Kauf angebotenen Spezial-Korkmatten der Fall. Im Übrigen ist zu beachten, dass dieses Tuch oder die Korkplatten nicht zum Entstören von Test- oder Therapieplätzen für Pyramiden und Orgonstrahler benutzt werden sollten, da dann die Geräte nicht funktionieren! Ich bitte allerdings zu beachten, dass dies meine subjektiven Feststellungen sind, die ich nicht verallgemeinern möchte.

Eine ganz alte Methode

Auf der langjährigen Suche nach einer Möglichkeit zur einwandfreien Ausschaltung der schädlichen Strahlungen an Bett- und Arbeitsplätzen bin ich bei einem meiner Besuche in Ägypten auf ein interessantes Phänomen gestoßen. Bei den Messungen mit dem RM stellte ich fest, dass in den verschiedenen Tempelräumen und den zum Teil mit den Grundmauern noch erhaltenen Wohnräumen der Priester keine Störzonen zu finden waren. Beim nächsten Besuch vermaß ich die äußeren Mauersteine und stellte fest, dass sie alle polarisiert waren. Das heißt, die Außenseiten waren pluspolig und die Innenseiten minuspolig. Wie man Steine polarisieren kann, ist in der Radiästhesie bekannt: durch einseitiges Klopfen mit einem Hammer. Versuchen Sie diese Methode zum Beispiel mit einem Pflasterstein, und Sie werden mit dem RM oder dem Pendel auf beiden Seiten des Steins sehr starke Plus- und Minus-Strahlungen feststellen. Diese Tatsache wird durch folgende Messungen mit dem RM bestätigt: Legt man einen so polarisierten Stein auf eine Wasserader oder einen Currystreifen oder Ähnliches, dann erhält man die nachstehend angeführten Ergebnisse:

1. Die Störzonen sind gegenüber der minuspoligen Seite des Steines mit dem RM nicht mehr festzustellen
2. Die Luft-Ionisierung ist normal 1:1. Vorher betrug sie 4:1, das heißt, die Luft war mit vier Plus-Ionen einseitig aufgeladen.
3. Mit dem RM und dem Bovis-Messkreis wurde über der vorherigen Störzone wieder eine Strahlungsintensität von rund 6000 Bovis-Einheiten

gemessen. Vorher waren es nur etwa 2000 Bovis-Einheiten gewesen.

4. Die Strahlungsfrequenz liegt jetzt bei 10^{20}. Vorher war sie mehr als doppelt so hoch gewesen (etwa 10^{45}).
5. Der Orgonverstärker gibt wieder eine Strahlungsintensität von 20000 Bovis-Einheiten ab; vorher: null Bovis-Einheiten.
6. Eine auf die Störzone gestellte Pyramide funktioniert wieder mit einer Intensität von 34000 Bovis-Einheiten; vorher: null Bovis-Einheiten.

Diese sechs Ergebnisse scheinen handfeste Beweise dafür zu sein, dass die Methode mit den Steinen ideal wäre für eine Entstörung von Schlaf- oder Arbeitsplätzen. Jedoch kaum eine Hausfrau wäre begeistert, wenn man ihr um die Betten polarisierte Steine legen würde. Es musste also eine praktikable Lösung gefunden werden, die auch den gesamten Bereich der Störfelder unter einem Bettplatz normalisiert. Das Ergebnis dieser Überlegungen sind Rohre aus Kupfer oder Alu (die beiden Materialien haben keine Wirkung), die mit Kieselgranulat ausgestopft sind, wodurch sie insgesamt wie ein einzelner Stein wirken. Anschließend wird das Rohr an einer Seite über die ganze Länge mit einem Hammer abgeklopft, indem man Schlag neben Schlag setzt. Dadurch ist die eine Rohrseite plus- und die andere minuspolig polarisiert. Und nun kommt das Interessanteste und auch Wichtigste an der Sache: Misst man mit dem Frequenzmesskreis die Strahlung an der Minus-Seite des Rohres, so erhält man eine Frequenzzahl, die identisch ist mit der Frequenz der Störzone! Hinzu kommt, dass die "Rohrfrequenz" phasenverschoben ist, so dass die Störstrahlen invertiert, das heißt aufgehoben werden. Dies ist das ganze Geheimnis der polarisierten Steine.

Praktische Anwendung: Zweckmäßigerweise legt man drei solcher Rohre in U-Form um den Bettplatz auf den Boden oder auf den Matratzenrost. Ich habe bei mir selbst und bei anderen gestörten Bettplätzen diese Methode angewandt. Die betroffenen Menschen waren von der Wirkung begeistert. Doch leider hat auch dieses Verfahren eine Schattenseite: Nach etwa vier Wochen lässt die Wirkung nach, und die Rohre müssen durch Klopfen neu polarisiert werden. Das kostet insgesamt allerdings nur etwa fünf Minuten. Man könnte sagen: Was ist das schon gegenüber einem einwandfrei entstörten und gesunden Bettplatz!

Sicher ist es für viele Interessenten kein großes Problem, einen solchen "Entstörsatz" selbst herzustellen: Sie benötigen bei einem Doppelbett von 2 auf 2 Metern:

- 3 Kupferrohre 15 mm Ø zu je etwa 1,85 m Länge;
- eine entsprechende Menge Kieselgranulat mit etwa 2 bis 5 mm Körnung, erhältlich im Gartenbaucenter oder in der Zoo-Abteilung;
- je Rohr eine halbe Rohrschelle 17 mm, die am Rohr mit Kleber oder einer Blindniete befestigt wird, damit das Rohr immer seine Lage behält und nicht wegrollen kann;
- Holzstopfen, um die Rohre zu verschließen, oder Cu-Verschlusskappen (einkleben);
- etwas farbiges Isolier- oder Klebeband, um die zu klopfende Rohrseite zu markieren. Diese Seite muss immer nach außen zeigen!

Die in U-Form um das Bett gelegten Rohre brauchen sich an den Enden nicht zu berühren. Besonders wichtig sind zwei Dinge:

1. Das Granulat muss kompakt im Rohr sitzen, damit sich kein Steinchen bewegen kann.

2. Die geklopfte Rohrseite, die mit farbigem Band markiert wird, muss immer an der Außenseite des Us liegen, das heißt, die minuspolige Seite zeigt nach innen zum Bett. Oft lässt sich auf diese Weise auch am Arbeitsplatz eine einzelne Störzone mit einem so präparierten Rohr ausschalten.

Nachdem dieses Buch so gut wie fertig war, fand ich zwischenzeitlich doch einige Fälle, in denen die durch Störzonen geplagten Menschen sich auf meinen Rat hin schließlich entschlossen haben, die Bettplatzentstörung mit polarisierten Pflastersteinen durchzuführen. Das hat den Vorteil, dass die Steine ihre Polarisation nicht verlieren. Gewählt wurden Granit-Steine mit einer Abmessung von etwa 10 x 10 x 12 Zentimetern. Bei Kastenbetten können die Steine auch in U-Form im Bettkasten ausgelegt werden. Hierzu noch ein einfacher Vorschlag, um die Pflastersteine "optisch unsichtbar" zu machen: Man nimmt drei entsprechend lange Bretter (12 Zentimeter breit) und fügt sie zu einem U zusammen. In diesen U-Kanal legt man die Steine, so dass sie sich berühren und die geklopfte Seite nach außen zeigt. So ist es möglich, bei Bedarf das Ganze unter der Bettkante herauszuziehen, um unter dem Bett den Boden zu reinigen, ohne dass die Steine verstellt werden.

Hinweis:
Diese "archaischen" Methoden standen am Anfang des jahrzehntelangen Suchens nach einer Lösung für dieses schwierige und gesundheitlich gravierende Problem. Heute gibt es eine einfache und zuverlässige Bettplatzentstörung, die problemlos mit auf Reisen genommen werden kann, um sich auch an anderen Orten, wie zum Beispiel im Hotel, vor Störzonen zu schützen (zu beziehen von *Re VitaMed*, Adresse am Ende des Buches). Ein störungsfreier Bettplatz ist im Übrigen eine unabdingbare Voraussetzung für den nachhaltigen Erfolg der Regulationstherapie mit dem Strahlen-Konverter.

14.
Die Orgonenergie

Allgemeines

Die Orgonenergie ist wenig bekannt, obwohl sie in bestimmten Fällen medizinisch sehr wirksam sein kann. Deshalb sollen hier ihr Ursprung und ihre Wirkungsweise beschrieben werden. Der Entdecker, der auch erstmals Schriften über die Orgonenergie publizierte, war der Mediziner Dr. Wilhelm Reich. Er arbeitete in den USA und wurde dort wegen seiner "Orgontheorie" in Fachkreisen zunächst stark angefeindet. Inzwischen ist er jedoch rehabilitiert, und seine wissenschaftlichen Arbeiten sind voll anerkannt. Neben vielen anderen interessanten Forschungen entwickelte er den sogenannten "Orgonakkumulator". Das ist eine geschlossene Kammer, in der der Patient sitzt. Durch eine bestimmte Aufeinanderfolge von verschiedenen unorganischen und organischen Materialien beim Aufbau der Wände entsteht in der Kammer eine medizinisch wirksame Abstrahlung nach innen, und diese feinstoffliche Strahlung nannte er "Orgonenergie".

Der Unterschied zwischen Orgonstrahlung und der Pyramidenstrahlung liegt in der Schwingungsfrequenz. Die Orgonstrahlung hat eine sehr niedrige Frequenz von etwa 7 bis 15 Hertz, was der allgemeinen Körperfrequenz entspricht, wie sie auch in den Ergebnissen von Dr. Voll beschrieben wird. Die Anwendung der Orgonenergie ist jedoch nicht auf den Orgonakkumulator beschränkt, sondern wird zum Beispiel auch bei der auf Seite 121 beschriebenen

Orgonplatte angewandt. Eine weitere sehr interessante Nutzung der Orgonenergie finden Sie im nachfolgenden Kapitel.

Um die Orgonenergie auch punktuell für Heilzwecke einsetzen zu können, wurde ein sogenannter *Orgon-Verstärker* entwickelt. Eigentlich müsste er "Orgonstrahler" heißen. Aber es gibt auf dem Markt bereits ein Gerät mit diesem Namen (*Fa. Herbert*), das aber nachweislich keine Orgonfrequenz, sondern eine viel höhere Strahlung abgibt. Bei dem hier zu beschreibenden Gerät handelt es sich um ein kleines Handgerät (Länge 15 Zentimeter, Durchmesser 2,5 Zentimeter), in dem durch einen mehrschichtigen Materialaufbau eine sehr hohe Verstärkung erzielt wird. An der vergoldeten Strahlspitze wird die im Inneren erzeugte Orgonenergie nach vorne abgestrahlt. Etwa zehn Zentimeter vor der Spitze besteht eine Strahlungsintensität von etwa 18000 Bovis-Einheiten. Diese Strahlung ist minuspolig und hat ein Ionenverhältnis von neun Minus- zu einem Plus-Ion.

Es wird empfohlen, das andere Ende des Verstärkers nicht längere Zeit gegen den Körper zu halten, da sonst dort Energie abgesaugt wird. Lediglich bei einer Überladung beziehungsweise einer Überfunktion kann diese Seite zur Absaugung eingesetzt werden. Da beim Zusammentreffen der Orgonenergie mit radioaktiver Strahlung eine gesundheitsschädliche, sogenannte "DOR"-Energie (Deadly Orgone Reaction) entstehen kann, soll das Gerät auch nicht in der Nähe von laufenden Fernsehern, Monitoren oder sonstigen radioaktiv strahlenden Geräten benutzt werden! Dasselbe trifft auch für die Behandlung von Patienten zu, die vorher infolge von Röntgenaufnahmen radioaktive Strahlungen aufgenommen haben.

Anwendung

Der Orgonverstärker kann sehr wirkungsvoll bei allen Beschwerden eingesetzt werden, die ursächlich auf Störungen im physischen Körper oder dessen Energiekörper zurückzuführen sind. Dazu zählen alle äußeren Verletzungen, Verstauchungen, Narben, innere Organstörungen und Ähnliches. Bei Energieblockaden im Meridiansystem wirkt die Orgonenergie sehr schnell und sanft, wenn sie an den entsprechenden Akupunkturpunkten eingestrahlt wird. Auch eine Öffnung oder Durchblutung aller Meridiane kann vorgenommen werden. Insbesondere Entzündungen und Stauungserscheinungen sprechen sehr gut auf die Orgonbehandlung an.

Das der Strahlungsspitze entgegengesetzte Ende des Gerätes kann auch durch ein Zwischenkabel mit dem oberen Schwenkanschluss einer Pyramide verbunden werden, wodurch die Strahlungsintensität noch weiter auf etwa 30000 Bovis-Einheiten gesteigert wird.

Die Handhabung des Orgonverstärkers ist sehr einfach, indem das Gerät in einem Abstand von etwa fünf bis zehn Zentimetern mit der Spitze an die entsprechenden Schmerz-, Entzündungs- oder Akupunkturpunkte gehalten wird. Die Behandlungsdauer beträgt etwa eine Minute oder länger, der Patient muss sich stets wohlfühlen. Richtiger ist es jedoch, wenn das Absaugen bei einer Überfunktion oder Ähnlichem mit dem Pendel oder einer Einhandrute kontrolliert wird. Das Gleiche gilt bei der Einstrahlung der Orgonenergie.

Bitte beachten: Die Funktion des Orgonverstärkers wird beeinträchtigt, wenn er über einer Störzone (zum Beispiel Wasserader, Currystreifen oder Ähnliches) benutzt wird. Deshalb immer einen störungsfreien Platz aussuchen oder einen speziellen Entstörsatz benutzen. Aufgrund der oben genannten Tatsache kann dieses Gerät mithilfe der Einhandrute auch zum Aufsuchen eines störungsfreien Platzes benutzt werden, denn dort funktioniert es wieder einwandfrei.

15.
Das Arbeiten mit Messkreisen

Allgemeines

Aufgrund der besonderen Ausführung des Bio-Radiometers mit einem Kugelkreuz bietet es eine ideale Möglichkeit, viele Fragen mithilfe von Messkreisen zu lösen. Wer bereits mit dem Pendel gearbeitet hat, kennt sehr wohl die sogenannten Pendeltafeln, die es in allen möglichen Variationen gibt. Da das Bio-Radiometer im Grunde nichts anderes als ein verbessertes und sensitiveres Drahtpendel darstellt, ist es für diese Methode besonders geeignet. Nachstehend soll das Verfahren anhand von elf speziellen Messkreisen beschrieben werden. Es sind dies:

1. das "Bovis-Meter" zur Messung der Strahlungsintensität von Störzonen, der Zellstrahlung bei Menschen sowie der von Gegenständen und Nahrungsmitteln.
2. Identifizierung von pathogenen Störzonen.
3. Verhältnis der Plus-Minus-Ionen in der Luft.
4. Radioaktivität der Luft, bei Menschen und Nahrungsmitteln.
5. gesunde beziehungsweise giftige Strahlungen bei Lebensmitteln oder im Boden beziehungsweise Luftstrahlungen, desgleichen die toxische Belastung eines Menschen.

6. pH-Wert des Zellplasmas.
7. Zellfunktionsstörung.
8. Messen der Schwingungsfrequenzen.
9. Testen der notwendigen Farbstrahlung.
10. Ermittlung der Störung in einem der fünf Körper.
11. Stufe der pathologischen Strahlung (Bild 38, S. 130).

Grundsätzliche Arbeitstechnik

Die auf Karton gedruckten Messkreise werden senkrecht mit der freien ausgestreckten Hand gehalten oder senkrecht vor den zu messenden Gegenstand gestellt. Das RM wird wie üblich waagerecht so gehalten, dass die Spitze des Kugelkreuzes so nah wie möglich auf den Mittelpunkt des Messkreises zeigt. Es spielt bei dieser Messmethode keine Rolle, ob die testende Person Rechts- oder Linkshänder ist.

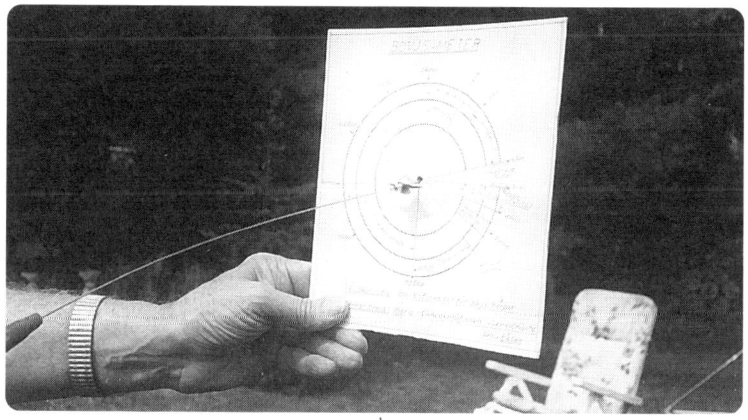

Bild 19

Dann konzentriert man sich auf die Frage, die sich auf den Inhalt des Messkreises bezieht. Das Kugelkreuz mit seiner vorderen Spitze wird nun anfangen, um den anvisierten Mittelpunkt des Kreises zu rotieren. Wie später noch im Einzelnen beschrieben wird, kann dieses "Kreisen" rechts- oder linksherum erfolgen, je nachdem, um welchen Messkreis es sich handelt. Solange das "Kreisen" anhält, bedeutet dies, dass das RM die Antwort "sucht". Nach kurzer Zeit geht das "Kreisen" über in radiale Querschwünge, das heißt, das Kugelkreuz schwingt über den Mittelpunkt quer durch den Kreis. Sobald diese Querstriche nicht mehr wandern, sondern eine Richtung beibehalten, kann die entsprechende Antwort am Messkreis abgelesen werden. Es sind jedoch zwei Aussagen möglich, wenn die Querschwünge über den gesamten Kreis hinausgehen. In diesem Fall hält man die Spitze des Kugelkreuzes auf einen der Schnittpunkte am Kreis und fragt im Geiste nach, ob dies die richtige Antwort ist. Aber in den meisten Fällen ist der Ausschlag nach einer Seite auffallend stärker, so dass sich eine Frage erübrigt.

Sicher stellen sich jetzt viele Leser die Frage: Wieso kann das Kugelkreuz des RM auf eine solche Art und Weise eine Antwort suchen und finden? Die Antwort lautet, dass in dem geschriebenen beziehungsweise gedruckten Wort oder der Zahl eine immaterielle Information steckt. Und da jede Information auch eine feinstoffliche Strahlung beinhaltet, kann sie mit unserer mentalen Gedankenfrequenz in Resonanz treten und so durch die Reaktion des RM sichtbar gemacht werden.

Beschreibung der Messkreise

Messung der Strahlungsintensität

Der Franzose André Bovis hat für seine Forschungen mit dem Pendel das sogenannte "Bovismeter" zum Messen von Strahlungsintensitäten entwickelt, das heute noch als gültiger Maßstab herangezogen wird. Diesen linearen Maßstab habe ich in einen Messkreis umfunktioniert, wodurch er auch für den Gebrauch mit dem RM zu nutzen ist. Die folgenden Strahlungssituationen können damit gemessen werden:

a) Intensitäten von Erdstrahlen,
b) energetische Vitalstrahlung bei Personen,
c) Strahlungsintensität von Nahrungsmitteln,
d) Strahlungsintensität von Pyramiden, Orgonplatten, Orgonstrahlern und Ähnlichem.

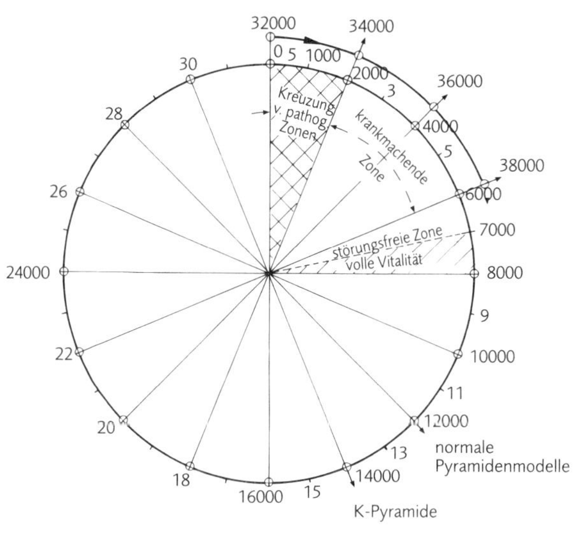

Bild 20 Bovis-Strahlungseinheit

Die am Außenkreis angegebenen Zahlen sind die sogenannten Bovis-Einheiten. Sie gehen von 0 bis 30000 BE – und in besonderen Fällen auch darüber hinaus.

zu a) Intensitäten von Erdstrahlungen:
Will man über einem bestimmten Platz die Intensität einer Störzone messen, so hält man die Messkarte mit der ausgestreckten

freien Hand über die Stelle und wartet auf das Ergebnis des RM. Die Fragestellung lautet in diesem Fall etwa: Wie viele Bovis-Einheiten hat die Strahlung über dieser Stelle? Zeigt das RM einen bleibenden Ausschlag, zum Beispiel über dem Bereich von 0 bis 2000 BE, so ist das die Strahlung einer Kreuzung von zwei Störzonen. Der nächste Abschnitt zwischen 3000 und 6500 Bovis-Einheiten lässt auf eine einfache Störzone schließen und ist für den menschlichen Organismus noch schädlich. Liegt dagegen der Ausschlag des RM zwischen 6500 und 8000 BE, so ist dies ein neutraler beziehungsweise ein sehr guter Platz, also störungsfrei.

Aus den obigen Darstellungen ist der Schluss zu ziehen, dass auf dem störfreien Platz die lebensnotwendige sekundäre Erdstrahlung von 6500 bis 8000 Bovis-Einheiten für den Organismus normal ist. Dagegen werden die lebensnotwendigen Strahlungsintensitäten innerhalb von Störzonen stark unterdrückt und liegen im schlimmsten Fall sogar unter 3000 Bovis-Einheiten bei sogenannten Kreuzungen. Die Folgen beim Menschen sind Störungen im Abwehrmechanismus, und bei Pflanzen sind es Wachstumsstörungen (Zwiesel, Drehwuchs, Krebsbeulen und Ähnliches).

zu b) Vitalstrahlung bei Personen:

Eine weitere wichtige Messung mit diesem Messkreis ist die energetische Vitalsituation des Menschen. Wie das Messblatt zeigt, sollte die optimale Vitalsituation normalerweise zwischen 7000 und 8000 Bovis-Einheiten liegen.

Die Messung an der Person erfolgt, indem die zu messende Person den Messkreis mit beiden Händen einige Zentimeter vor ihren Oberkörper hält. Der Tester hält die Spitze des Kugelkreuzes auf den Mittelpunkt des Messkreises, ohne jedoch denselben zu berühren. Dabei stellt er sich mental auf die Frage ein: Welche energetische Strahlungsintensität hat die Person? Ich kenne einige Heilpraktiker, die bei jedem Besuch ihrer Patienten auf die oben beschriebene Weise deren Vitalsituation messen und in der Kartei vermerken. Oft liegen diese Werte vor Beginn der Therapie nur zwischen 4000 und 5000 Bovis-Einheiten. Es ist aber auch möglich, diese Messungen anhand einer Handschrift, eines Fotos oder eines Handabdrucks durchzuführen. Dabei wird eine dieser Unterlagen bündig hinter das Messblatt gelegt oder gegebenenfalls mit einer Büroklammer angeheftet. Die Messung mit dem RM erfolgt dann wie beschrieben.

zu c) Strahlungsintensität von Nahrungsmitteln:

Der Wert der Strahlungsintensität bei Nahrungsmitteln ist insofern sehr interessant, als er Rückschlüsse zulässt auf den Anbau und die Behandlung insbesondere von Obst und Gemüse. In solchen Fällen wird das Messblatt einfach vor das betreffende Nahrungsmittel gestellt. Die mentale Fragestellung könnte lauten: Welche Strahlungsintensität gibt dieses Nahrungsmittel ab?

Ein Vergleich zwischen biologisch angebautem Gemüse und solchem, das mit Kunstdünger aufgezogen oder gar mit Insektiziden gespritzt wurde, zeigt, dass das biologische Nahrungsmittel eine sehr viel höhere Strahlungsintensität abgibt.

zu d) Strahlungsintensität von Pyramiden und Ähnlichem:

Es werden im Handel allerlei Fabrikate wie Orgonplatten, Orgonstrahler, Farbakupunkturgeräte, Pyramiden oder auch pyramiden-dynamisierte Medizin angeboten. Auch hier ist es interessant, mithilfe des Messkreises die Strahlungsintensität zu messen und zu vergleichen. Ein normales Pyramidenmodell strahlt zum Beispiel über der Spitze mit einer Intensität von rund 12000 bis 13000 Bovis-Einheiten; dagegen bringt zum Beispiel meine "superstarke Pyramide" über 30000 Bovis-Einheiten.

In diesem Fall misst man die Intensität, indem der Messkreis senkrecht über die Pyramidenspitze gehalten wird.

Identifizierung von Störzonen

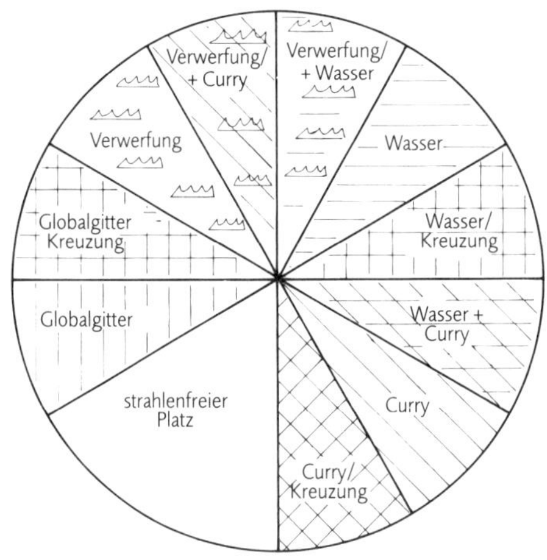

Bild 21 Welche Strahlung liegt hier vor

Dieser Messkreis ist in elf verschiedene Segmente aufgeteilt, von denen jedes eine bestimmte Störstrahlung symbolisiert. Er wird über die zu testende Bodenstelle gehalten und entsprechend mental abgefragt. Wer es ganz genau machen will, der kann durch den Mittelpunkt des Messkreises einen Nagel oder etwas Ähnliches stecken, an dessen Ende eine Schnur mit einem Metallgewicht auf den Boden hängt. Die mentale Fragestellung bei dieser Messung könnte lauten: Welche Störstrahlung herrscht unterhalb dieses Messkreises? - Das Interessante an dieser Methode ist die Fragestellung, bei der eine geistige Beeinflussung weitgehend ausgeschlossen wird. Auch ist es hier nicht notwendig, die bei einer Strahlensuche ohne Messkreis auftretenden Reaktionen des RM zu identifizieren, da man an dem Messkreis direkt die entsprechende Antwort angezeigt bekommt. Natürlich erhält man nur das Ergebnis, das an dieser Stelle unterhalb des Messkreises vorherrscht. Es ist also zum Beispiel bei einer Bettplatzuntersuchung notwendig, in kurzen Längenabständen entsprechend mehrere Stellen abzufragen, was man übrigens ohne Messkreis auch tun müsste.

Mit diesem Hilfsmittel wird es auch dem Anfänger leicht gemacht, echte Ergebnisse bei der sonst so relativ problematischen Strahlungssuche zu erhalten. Und auch für den Fortgeschrittenen ist es eine gute Kontrollmöglichkeit für seine Ergebnisse, vorausgesetzt er macht sich frei von irgendwelchen Erwartungshaltungen.

ACHTUNG: Es gibt Fälle, bei denen unter dem Bettplatz eine Entstörvorrichtung irgendwelcher Art angebracht ist und der Messkreis einen strahlenfreien Platz anzeigt. Dasselbe kann auch bei der mentalen Abfrage der Fall sein! Zur Sicherheit ist dann immer noch eine Kontrollmessung mit dem "Bovis-Messkreis" und dem "Frequenz-Messkreis" durchzuführen. Ist die vorhandene Entstörung in Ordnung, dann erhalten Sie am Bovis-Messkreis eine Anzeige von mindestens 6000 Bovis-Einheiten und mit dem Frequenz-Messkreis die kosmische Frequenz von etwa 1020 Hertz. Ist dagegen sowohl die Intensitätsanzeige (Bovis-Einheiten) als auch die Frequenzanzeige gleich *null*, dann wird durch die eingebaute Entstörvorrichtung die kosmische Strahlung blockiert. Das bedeutet, dass diese Bettplatzentstörung nicht zu empfehlen ist.

Ermittlung der Plus-Minus-Ionenverhältnisse in der Luft

Bereits in Abschnitt elf wurde die Verschiebung der Ionenverteilung bei den Luftmolekülen infolge elektrischer Wechselfelder erläutert. In diesem Abschnitt wurde auch ein Verfahren gezeigt, wie man die Größenordnungen zwischen Plus- und Minus-Ionen mit dem RM sichtbar machen kann. Ein viel besseres Verfahren bietet dagegen der oben abgebildete Messkreis. Dort ist am Kreisumfang jeweils das Verhältnis von Plus- und Minus-Ionen in Bruchform angegeben. Über dem Bruchstrich stehen jeweils die Anteilzahlen für die Plus-Ionen und darunter die der Minus Ionen. Auf der rechten Kreishälfte sind unter dem Bruchstrich die Minus-Ionen in der Überzahl (zum Beispiel 1+/3-) und auf der linken Hälfte die Plus-Ionen (zum Beispiel 3+/1-). Am unteren Kreisteil

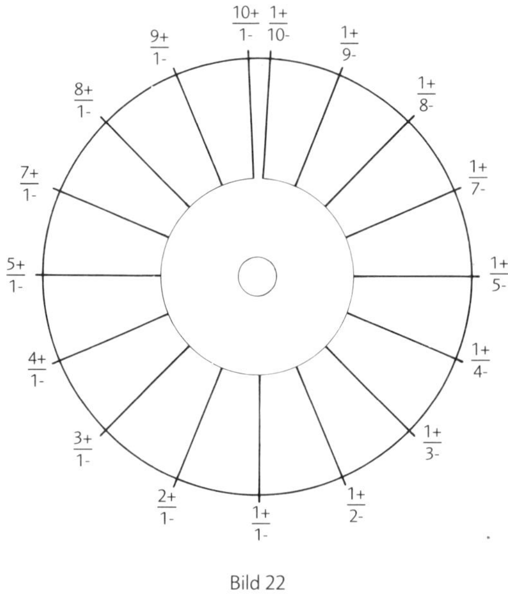

Bild 22

ist das Ionenverhältnis 1:1. Das ist der Wert beziehungsweise Zustand, wie er normalerweise in der freien und unbeeinflussten Natur besteht.

Die Ermittlung des Ionenverhältnisses mit dem RM und dem Messkreis geschieht, indem man die Messkarte in der freien, ausgestreckten Hand hält und mit der Spitze des Kugelkreuzes den Kreismittelpunkt anvisiert (wie bereits beschrieben). Interessanterweise wird das Kugelkreuz rechtsherum kreisen, wenn die Luftmoleküle überwiegend pluspolig aufgeladen sind, bis es dann in endgültige Querschwingungen übergeht. Bei überwiegend minuspoliger Luft, zum Beispiel an der See oder im Hochgebirge, wird das Kugelkreuz beim "Suchen" zuerst linksherum kreisen, ehe das endgültige Ergebnis angezeigt wird. Die mentale Fragestellung bei dieser Messung könnte lauten: Welches Plus-Minus-Verhältnis hat die Luft?

Etwas Besonderes ist aber bei diesen Messungen noch zu beachten: Bekanntlich wird die Luft über Störzonen (Wasseradern,

Currystreifen und so weiter) sehr stark pluspolig aufgeladen! Diese Erscheinung kann auch durch einen Ionenausgleicher (Ionenkiller) nicht beseitigt werden, da es sich hier um andere Frequenzbereiche handelt. Will man also nur die normalen Luft-Ionen messen, so ist darauf zu achten, dass der Messkreis über eine störfreie Stelle gehalten wird. Ist zum Beispiel in dem zu messenden Raum ein Ionenausgleicher installiert, so wird man auf dem Messkreis immer ein ausgeglichenes Ionenverhältnis von 1:1 erhalten.

Mithilfe dieser Messmethode kann somit auch der einwandfreie Nachweis der schädlichen Pluspolarisierung der Luft über pathogenen Störzonen erbracht werden. Über solchen Zonen zeigt der Messkreis oft bis zu vier oder fünf Plus-Ionen gegenüber einem Minus-Ion an. Ebenso kann diese Messung als Kontrolle dienen, ob eine sogenannte "Bettplatz-Entstörung" das bringt, was sie verspricht.

Messkreis für radioaktive Strahlung

Dieser Messkreis (siehe Seite 90) ist bereits als Pendeltafel bekannt und auch in verschiedenen esoterischen Büchern abgedruckt. Ich halte ihn gerade in der heutigen Zeit für besonders wichtig, denn mit ihm kann ermittelt werden, um das Wievielfache der normalen radioaktiven Strahlung unsere Nahrungsmittel, unsere Luft und letztendlich unsere Körper belastet sind. Anhand vieler Messungen habe ich festgestellt, dass zum Beispiel je nach Wohnort die radioaktive Strahlung bei Personen ein Vielfaches des Normalwertes beträgt. Messungen an Nahrungsmitteln wie Fleisch, Brot, Gemüse und insbesondere an Milch (ja sogar bei Bio-Produkten) zeigen oft eine Strahlung bis zum Zwölffachen des Normalwertes. Es wäre aber falsch, bei solchen Messungen über einige mehr oder weniger gemessene Punkte zu streiten! Maßgeblich ist allein schon die über das normale Maß hinausgehende Tendenz!

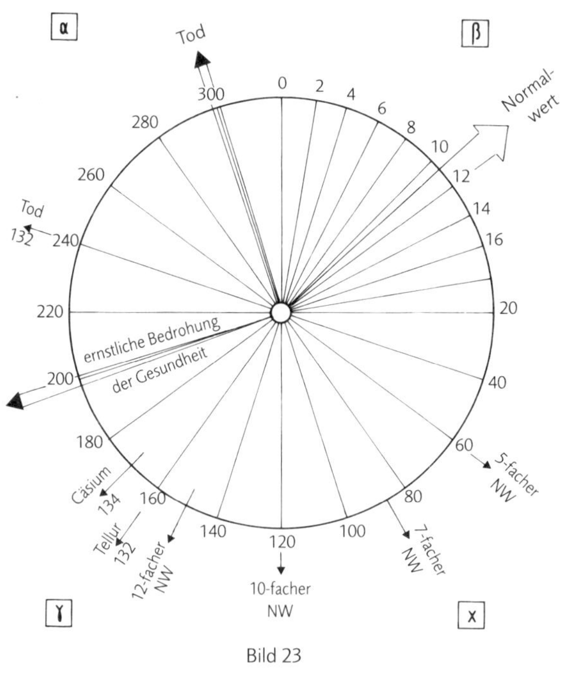

Bild 23

Aber es gibt auch mehrere Möglichkeiten, diese schädliche Strahlung zu mindern oder gar zu eliminieren. Solche Mittel sind zum Beispiel die Einnahme von Johanniskraut oder Salbeitee sowie die Bestrahlung der Nahrungsmittel mit Orgon oder Pyramidenenergie. Auch für die radioaktiv belastete Raumluft gibt es ein wirksames Mittel zur Normalisierung (siehe Kapitel 18, "Eliminierung radioaktiver Strahlung in der Raumluft"). Als Nachweis für die Wirksamkeit der oben erwähnten Mittel ist dieser Messkreis eine ideale Hilfe. Seine Messmethode ist dieselbe wie bei den weiter oben beschriebenen Messkreisen.

Ergänzend zu diesem Thema empfehle ich einen Test mit diesem Messkreis an der auf Bild 11 (S. 47) gezeigten Abbildung des radioaktiv verseuchten Feuerwehrmannes aus Tschernobyl. Halten Sie die Seite mit diesem Bild senkrecht, und legen Sie Ihren

Messkreis davor. Sie werden feststellen, dass er bereits eine sehr hohe tödliche Strahlung angenommen hat.

Messkreis für giftige beziehungsweise gesunde Strahlung

Dieser Messkreis zeigt vier Segmente: für gesunde, leicht giftige, giftige und lebensbedrohend giftige Strahlung. Er kann benutzt werden zum Testen von Nahrungsmitteln, die eventuell mit Insektiziden gespritzt wurden oder bei denen Kunstdünger verwendet wurde. Interessant sind besonders die Ergebnisse, wenn man mit diesem Messkreis den auf dem Markt angebotenen Blumenkohl oder die makellosen Tomaten oder Äpfel kontrolliert. Werden solche "toten" Lebensmittel dem Körper über längere Zeiträume zugeführt, dann ist es kein Wunder, wenn viele Menschen immer anfälliger für Krankheiten werden.

Wie wichtig unter anderem eine Prüfung auf eventuell giftige Strahlung zum Beispiel bei spanischen Zitrusfrüchten und Tomaten

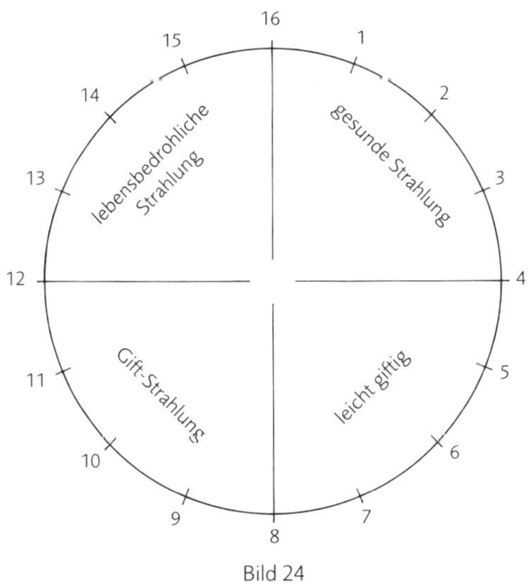

Bild 24

vor dem Verzehr sein kann, zeigen die Untersuchungsergebnisse des Stuttgarter Wirtschafts-Kontrolldienstes aus den 1980er Jahren. Diese Untersuchungen ergaben, dass die Früchte in Holzkisten gelagert waren, die mit dem Holz-Konservierungsmittel "Pentachlorphenol" (PCP) behandelt wurden. In solchen Früchten konnten diese giftigen PCP-Strahlungen als Höchstmengenüberschreitungen nachgewiesen werden. Dies ist nur ein Beispiel und kein Einzelfall, da es sich leider um eine verbreitete Holz-Konservierungsmethode handelte, die aber heute kaum noch eingesetzt wird.

Ähnliches trifft auch für unser Leitungswasser zu. Je nach der Gegend, in der gemessen wird, ist es möglich, dass Sie bei einem Test mit diesem Messkreis zum Beispiel Giftstrahlen bis Stufe 9 ermitteln. Dazu ist allerdings zu bemerken, dass unser Organismus alles als Gift bezeichnet, was für ihn schädlich ist. Wie man hier abhelfen kann, lesen Sie im Kapitel "Bestrahlung von Nahrungsmitteln durch Pyramide und Orgonplatte," (S. 120 ff.). Auch in öffentlichen Gewässern, wie zum Beispiel an der jugoslawischen Adriaküste, habe ich mit diesem Messkreis eine übermäßig hohe Giftstrahlung des Wassers (Stufe 12) festgestellt. Die natürliche Folge davon ist, dass dort weder Fische noch Wasserpflanzen oder sonstige Lebewesen zu finden sind (außer badenden Urlaubern).

Ein praktischer Ausweg, um ungesundes Wasser oder Gemüse wieder aus dem Giftbereich heraus und in eine gesunde Strahlung zu bringen, ist im Kapitel "Bestrahlung von Nahrungsmitteln durch Pyramide und Orgonplatte" ausführlich beschrieben. Dieses Verfahren ist ebenso interessant für Kaffee- oder Teewasser. Als Beweis könnte zu diesem Thema eine ausführliche theoretische Abhandlung folgen über die Reaktionen der Bio-Photonenstrahlung in den menschlichen Zellen und so weiter. Doch es gibt dazu genügend Fachliteratur, und uns interessiert hier nur die praktische und verständliche Seite dieser Tatsachen. Auch würde es wenig nützen, wenn wir nur die Ergebnisse der schädlichen Strahlungen kennen. Deshalb werden in den Abschnitten über "Orgon" und "Pyramide" nützliche Hinweise gegeben, wie man diesen lebensfeindlichen Erscheinungen begegnen kann.

Doch zurück zu dem oben beschriebenen Messkreis: Er ist nämlich auch hilfreich beim Testen der Atemluft oder beim Testen von Baumaterialien wie Asbest, Kunststoff, Farbe, Lack. Man kann damit aufgeschüttetes Gelände testen, in dem eventuell giftige Chemikalien lagern, aber auch die toxische Belastung am Menschen. Die mentale Fragestellung beim Arbeiten mit diesem Messkreis könnte lauten: Wie giftig oder gesund ist die Strahlung aus diesem Gegenstand (beziehungsweise über dieser Bodenstelle)?

Messkreis zur Ermittlung des pH-Wertes

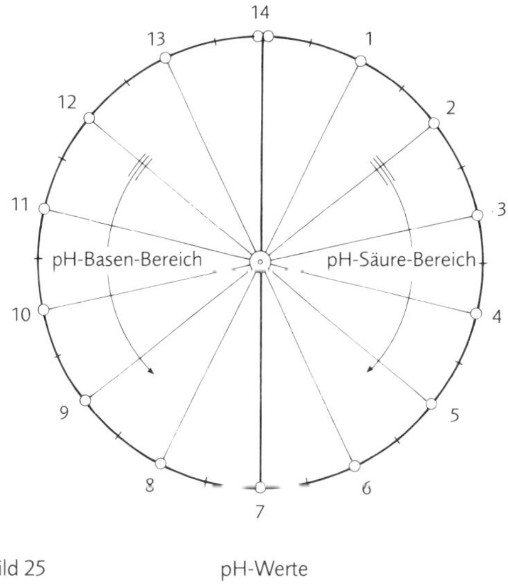

Bild 25 pH-Werte

Mit diesem Hilfsmittel können sowohl die pH-Werte von irgendwelchen Substanzen, Lebensmitteln oder Flüssigkeiten als auch der allgemeine pH-Zustand des Zellplasmas bei Personen gemessen werden. Letzteres ist unter anderem besonders wichtig für die Ernährungsweise. Normalerweise sollte der pH-Wert der Zellflüssigkeit bei etwa 7,2 liegen. Es gibt aber bekanntlich einige Ursachen, die den pH-Wert in den basischen oder den sauren Bereich bringen. Daran können Einflüsse wie Umweltbelastungen, krankhafter Stress, Unzufriedenheit, eine falsche Ernährungsweise und pathogene Störzonen am Bett oder Arbeitsplatz schuld sein. Für eine Therapie ist deshalb die Kenntnis des pH-Wertes von Bedeutung, da ständig abweichende Werte den Beginn einer Krankheit signalisieren.

Da das mentale Abfragen des pH-Wertes sehr viel Konzentration und Übung erfordert, ist der Messkreis auf Seite 93 zur Bestimmung des pH-Wertes bei Personen eine gute und sichere Hilfe. Zunächst ist in diesem Kreis zu sehen, dass die rechte Hälfte den Säurebereich von 1 bis 7 und die linke Hälfte den Basenbereich von 7 bis 14 anzeigt. Wie wir wissen, zeigt das RM bei Säuren eine pluspolige Rechtsrotation und bei basischer Strahlung eine minuspolige Linksrotation an. Dieselben Reaktionen beobachten wir beim Arbeiten mit diesem Messkreis. Befindet sich zum Beispiel das Zellplasma einer Person im basischen Bereich, so wird das Kugelkreuz des RM beim "Suchen" des ph-Wertes mit einer Linksrotation beginnen, bis es in Querschwingungen übergeht und den endgültigen pH-Wert angibt. Dasselbe geschieht bei ph-Werten, die im Säurebereich liegen, mit Rechtsrotation. Das Rechts- beziehungsweise Linkskreisen bedeutet, dass das RM bereits beim "Suchen" durch die Richtung seiner "Suchkreise" die pH-Tendenz anzeigt.

Die Messung geschieht, indem die zu messende Person das Messblatt mit beiden Händen etwa ein bis zwei Zentimeter vor den Oberkörper hält. Die mentale Fragestellung könnte lauten: Welchen pH-Wert hat das Zellplasma dieser Person? Natürlich kann, genau wie bei den anderen Messkreisen, auch die Handschrift, das Foto oder ein Handabdruck benutzt werden, indem man diese Unterlagen hinter den Messkreis heftet.

Auf eine Besonderheit sei noch hingewiesen: Wenn der pH-Wert etwa bei 7 liegt, fängt das Kugelkreuz des RM beim "Suchen" abwechselnd an, rechts- und linksherum zu kreisen, ehe es sich endgültig auf 7 einpendelt.

Für den Therapeuten ist es eine wertvolle Hilfe, wenn er mit dem oben beschriebenen Verfahren ohne großen Geräteaufwand konstant den pH-Zustand seines Patienten verfolgen kann. Auch bei diesen Messungen ist es wichtig, dass beide Personen auf einem strahlenfreien Platz stehen. Andernfalls kann es zu falschen Ergebnissen kommen.

Messkreis zur Ermittlung von Zellfunktionsstörungen

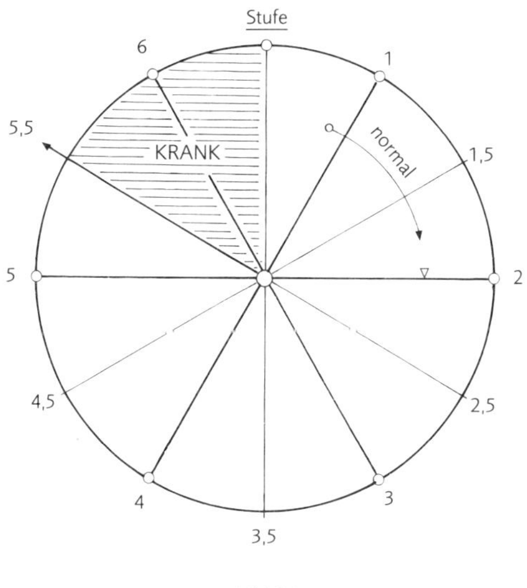

Bild 26

Die in Kapitel 9 ("Messung der Zellschwingungen") beschriebene und im Diagramm (Bild 13) dargestellte Entwicklung einer Zellresonanz-Blockade ist hier ebenfalls in einem Messkreis dargestellt. Die Messung erfolgt in derselben Weise wie bei der pH-Wert-

Ermittlung, also an der Person oder mittels Handschrift, Foto oder Handabdruck.

In vielen Fällen wurde festgestellt, dass bei Personen, die über längere Zeiträume über einer pathogenen Störzone schlafen oder sitzen, eine ungünstige Entwicklung der Zellfunktion irgendeines anfälligen Organs entsteht. Sobald die Personen aber auf einen störungsfreien Platz ausweichen können oder der Bett- beziehungsweise Sitzplatz durch Ableitung der übermäßigen Plus-Ionsierung und der Störstrahlung entstört wurde, ging innerhalb von sechs bis acht Monaten die Zellresonanzblockade in den Normalbereich zurück, vorausgesetzt es lagen keine anderen Einflüsse vor.

Auch bei dieser Zustandsermittlung der Zellfunktionsstörung ist die übliche mentale Abfrage problematisch, weshalb das Arbeiten mit diesem Messkreis besonders zu empfehlen ist. Im Zusammenhang mit der oben genannten Beschreibung ist es empfehlenswert, nochmals Kapitel 9 zu lesen.

Der Frequenzmesskreis

Für den Bereich der feinstofflichen Strahlungen ist dieser Messkreis ein ideales Hilfsmittel. Wie bereits am Anfang dieses Buches dargelegt wurde, gibt es bis heute noch kein Instrument, um die Frequenzen von feinstofflichen Strahlen zu messen. Lediglich mit der menschlichen Sensitivität und mit Pendel oder Einhandrute ist es möglich, mithilfe des “Frequenzmesskreises” die frequenzmäßigen Unterschiede der Schwingungsbereiche sichtbar zu machen und uns über viele Erscheinungen Klarheit zu verschaffen. Oft wird zum Beispiel gefragt: Wo liegt der Unterschied zwischen den feinstofflichen Strahlen der Pyramidenenergie, der Orgonstrahlung, des Ankh-Kreuzes, der Erdstrahlen und der kosmischen Außenstrahlung in Gebäuden oder im Freien?

Der “Frequenzmesskreis” kann uns hierzu die Antwort geben! Folgende Ergebnisse erhalten wir beim Messen der oben genannten Strahlungen mithilfe dieser Methode:

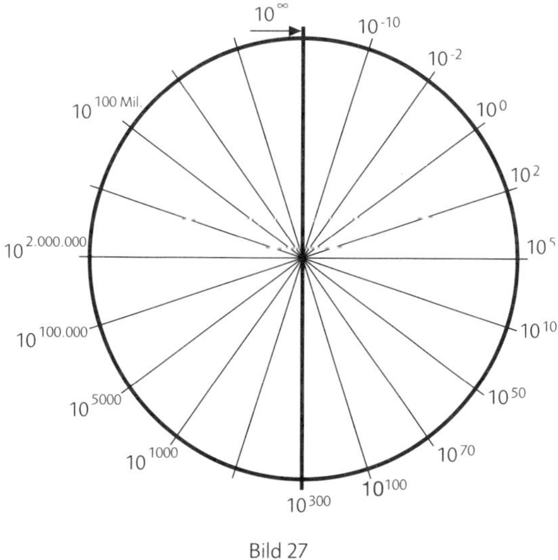

Bild 27

Die Strahlungs- beziehungsweise die Schwingungsfrequenz über der Spitze einer speziellen Pyramide (System Höpfner) wird mit etwa 1020 Hertz angezeigt, die Strahlung bei der Orgonplatte oder beim Orgonverstärker mit 10 bis 12 Hertz, also sehr viel niedriger!

Beim Ankh-Kreuz erhalten wir ebenfalls 10 bis 12 Hertz.

Über geopathogenen Zonen (Erdstrahlen) schwingt sich das Bio-Radiometer im Messkreis überraschenderweise auf die sehr hohe Frequenz von 1045 bis 1050 Hertz ein!

Die kosmische Außenstrahlung hat im Normalfall dieselbe Frequenz wie die Pyramide (kann infolge von Sekundärstrahlungen abweichen).

Schwingungsfrequenzen wie zum Beispiel die des Bioplasmakörpers oder der Informationsschwingung einer Handschrift liegen weit im Ultrafrequenzbereich. Ihre Größenordnungen nähern sich dem Unendlichen, vermutlich der Dimension einer anderen Realität. Diesbezügliche Messversuche mit einem Messkreis, der bis zu einer Hertz-Zahl von "10 hoch unendlich" ausgelegt ist, sind sehr interessant.

16. Das Geheimnis des Ankh-Kreuzes

Bei einem Besuch der vielen Tempel in Ägypten fiel mir auf, dass an den Wänden und Säulen überall das sogenannte Ankh-Kreuz, auch als Henkel- oder Lebenskreuz bezeichnet, zu sehen war. Sehr oft ist es innerhalb der vielen Wandreliefs als Abschlussumrandung oder auch als Teil der Bilderschrift eingemeißelt. Besonders auffallend war auch, dass in vielen Fällen die in Lebensgröße dargestellten Götter den vor ihnen stehenden oder sitzenden Pharaonen ein Ankh-Kreuz zwischen Mund und Nase hielten. Manche hielten das Ankh-Kreuz auch am oberen runden Teil in den Händen.

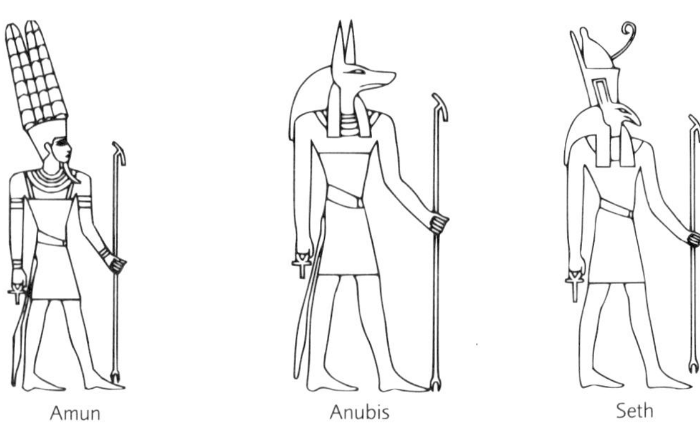

Bild 28

Unsere Tempelführer waren diplomierte ägyptische Archäologen, die uns die folgenden verschiedenen Erklärungen für die Darstellungen des Ankh-Kreuzes gaben:

1) Dieses Kreuz symbolisiert das zukünftige Leben und seine drei Eigenschaften: Frieden, Glück und Zufriedenheit.
2) Das Ankh-Kreuz symbolisiert mit seinem oberen, runden Teil das Nildelta, also Unterägypten, und mit dem unteren geraden Teil den Nil in Oberägypten, während der waagerechte Balken die Mitte, das heißt die Vereinigung des ägyptischen Reiches darstellt.
3) Eine andere Version war die, dass der obere runde Teil das Weibliche, der untere Teil das Männliche und die Mitte die Vereinigung darstellt.

Doch all diese Erklärungen konnten mich nicht so recht überzeugen, da mir bekannt war, dass das Ankh-Kreuz über dem oberen Kreis nachweislich eine minuspolige feinstoffliche Strahlung abgibt. Meine Messungen mit dem Bio-Radiometer an den Reliefs bestätigten diese Tatsache. Die Nachprüfung mit dem Messkreis "Bovis-Meter" ergab in allen Fällen eine Strahlungsintensität von gut 9000 Bovis-Einheiten (BE). Auch fiel mir auf, dass sich in den Tempelräumen, in denen die alten Ägypter ihre religiösen Handlungen durchführten, nicht nur viele Ankh-Kreuze an den Wänden befanden, sondern dass in den Räumen auch eine angenehme Atmosphäre herrschte. Messungen mit dem Messkreis über "Die Verteilung der Plus- und Minus-Ionen in der Luft" erbrachten in solchen Räumen immer wieder das überraschende Ergebnis von vier Minus-Ionen und einem Plus-Ion bezüglich der Aufladung der Luftmoleküle. Man kann mit Sicherheit annehmen, dass dieses gesunde Raumklima auf die feinstoffliche, minuspolige Strahlung der Ankh-Kreuze zurückzuführen ist. Diese Annahme kann mit dem später beschriebenen Experiment im eigenen Zimmer leicht nachgeprüft werden.

Die in den Tempelräumen postierten ägyptischen Tempelwächter hatten nach unseren Messungen durchweg eine energetische Vitalstrahlung zwischen 7000 und 8000 Bovis-Einheiten, was einer idealen Energiesituation entspricht. Teilnehmer unserer Gruppe lagen dagegen durchschnittlich bei nur 5000 Bovis-Einheiten, aber nach längerem Aufenthalt in den Räumen oder durch kurzzeitiges Halten der Hände (etwa ein bis zwei Minuten) über eines der Ankh-Kreuze an den Wänden waren auch sie auf gut 7000 Bovis-Einheiten aufgeladen. Das Gegenteil dieses Raumklimas erlebte ich in den Kammern der Pharaonengräber. Dort waren die Luftmoleküle nicht minuspolig, sondern leicht pluspolig aufgeladen, und die dort postierten ägyptischen Wächter hatten alle eine niedrigere energetische Vitalsituation von durchschnittlich nur 5000 bis 6000 Bovis-Einheiten. Auch sind in diesen Räumen keine Ankh-Kreuze an den Wänden zu finden.

Die alten Ägypter, das heißt die Erbauer dieser Tempel, kannten die feinstoffliche, gesunde minuspolige Energiestrahlung des Ankh-Kreuzes, die mit unserer Vital- beziehungsweise Lebensenergie zum Teil identisch ist. Sie benutzten dieses Kreuz, um sich selbst Energie zuzuführen, indem sie, wie die Reliefbilder zeigen, das Kreuz mit dem runden Teil in den Händen hielten oder symbolisch das Gegenüber "anstrahlten".

Damit Sie sich selbst von dem beschriebenen Phänomen überzeugen können, prüfen Sie mit dem Radiometer über der Abbildung des Ankh-Kreuzes die Strahlungsenergie mit der Frage: Welche Energie strahlt hier ab? Sie werden sehen: Über dem oberen Kreis des Kreuzes beginnt das Kugelkreuz des Radiometers auf- und abzuschwingen.

Abschließend noch ein Vorschlag: Fotokopieren Sie das auf Seite 101 abgebildete Ankh-Kreuz einige Male, und kleben Sie es auf Karton. Diese Kreuze (etwa sechs Stück) hängen Sie an den Wänden Ihres Zimmers in Kniehöhe auf. Sie werden überrascht sein, wenn Sie nun mit dem Messkreis für die "Verteilung der Plus- und Minus-Ionen in der Luft" (Bild 20, S. 83) Ihre Zimmerluft messen. Sofern im Zimmer ein Ionenausgleicher angeschlossen ist, um die Plus-Aufladung durch die elektrischen Wechselschwingungen

Bild 29

zu eliminieren, wird in diesem Zimmer eine ungewöhnliche Minuspolarisierung der Luft von etwa 4:1 entstehen. Ein Raumklima mit überwiegenden Minus-Ionen entspricht in etwa dem Klima im Hochgebirge oder an der See.

Sollten Sie jemanden kennen, der eine Reise nach Ägypten vorhat, bitten Sie ihn, dass er Ihnen einige Ankh-Kreuze aus Messing mitbringt, die dort überall angeboten werden.

Hinweis:

Eine Verbesserung der Polarisierung der Raumluft mittels mehrerer Ankh-Kreuze ist zwar - abhängig von den Bedingungen vor Ort - grundsätzlich nach wie vor möglich, wird aber inzwischen durch den E-Smog-Regulator einfacher und zuverlässiger gewährleistet.

17.
Praktische Nutzung der kosmischen Bio-Energie aus der Pyramide

Allgemeines

Die Cheops-Pyramide in Ägypten ist bis heute das größte, älteste und rätselhafteste Bauwerk dieser Erde. Sie ist mehr als ein architektonisches Bauwerk und vermutlich vor mehr als 12000 Jahren erbaut worden. Jedoch soll in diesen Ausführungen weder auf ihre Entstehung noch auf die mathematischen Zusammenhänge ihrer Konstruktion eingegangen werden, die bereits in zahlreichen Werken besprochen wurden. Lediglich auf eine interessante Vermutung soll in diesem Zusammenhang hingewiesen werden, die in keinem der einschlägigen Werke zu finden ist: Es ist nämlich nicht zu begreifen, dass der menschliche Geist in der Lage ist, einen oft als göttliche Geometrie bezeichneten Körper wie die Cheops-Pyramide zu konstruieren. In diesem Bauwerk sind unter anderem auch die für die Mathematik und die Geometrie so wichtigen Grundzahlen integriert, so etwa die Kreiszahl Pi, die kosmische Konstante 1,618 (auch Fibonacci-Reihe genannt), der Goldene Schnitt, die pythagoreischen Zahlen und das heute noch gebräuchliche englische Zoll = 25,4 mm. Ebenso sind der besondere Böschungswinkel und die geometrische Form der Pyramide die entscheidende Voraussetzung für die phänomenale Energiekonzentration in ihrem Inneren.

Interessanterweise gibt es aber auch unter den Mineralien einen Kristall, der eine Doppelpyramide mit einer tetragonalen Geometrie darstellt und dieselben Messrelationen aufweist wie die Große Pyramide in Ägypten! Hier drängt sich der Schluss auf, dass die Planer und Erbauer der ägyptischen Pyramide diese natürlichen Kristalle zum Vorbild hatten. Vielleicht war es eine besondere Absicht der Schöpfung, dieses Kristallvorbild zu schaffen, und vielleicht war es eine weitsichtige Eingebung der Pyramidenbauer, damit wir als spätere Generationen die heilbringende Nutzung der Pyramiden-Energie wiederentdecken und entsprechend anwenden können. In vielen Ländern beschäftigen sich Institute und auch Hobbyforscher mit dem größten Geheimnis, das uns die Pyramide aufgibt, nämlich mit ihrer kosmischen Energiekonzentration. Wenn sie mit einer Basiskante in Nord-Süd-Richtung ausgerichtet ist, wirkt die Pyramide wie ein Energiegenerator, dessen Energie sowohl aus der Pyramidenspitze abstrahlt als auch im untersten Drittel innerhalb der Pyramide besonders konzentriert festzustellen ist.

Eine Pyramide gibt allerdings nur Energie ab, wenn sie auf einem störungsfreien Platz steht. Dies ist neben der Nord-Süd-Ausrichtung eine unbedingte Voraussetzung für ihre Funktion! Wie wir bereits wissen, gibt eine Modellpyramide nachweislich keine Strahlung ab, wenn sie auf einer geopathogenen Störzone (Wasserader, Currynetz, Verwerfung und so weiter) platziert wird, das heißt, sie funktioniert dann nicht! So stellt sich logischerweise die Frage: "Wie verhält es sich bei der Cheops-Pyramide in Ägypten?"

Die Beantwortung dieser bis jetzt nicht gelösten Frage ließ mir lange Zeit keine Ruhe. Deshalb machte ich mich im Frühjahr 1995 mit einem Kollegen spontan auf die Reise zur Großen Pyramide, um dieses Rätsel zu lösen. Ich konnte mir nicht vorstellen, dass ein solches Monument aus Stein ohne Ausschaltung der üblichen Störfelder funktionieren kann. Nach der Ankunft saßen wir dann am Abend voll Spannung auf unserem Balkon und genossen den Blick auf die etwa 500 Meter entfernten majestätischen Pyramiden. Nach einer unruhigen Nacht voller "Pyramidenträume" ging es am nächsten Morgen an die Arbeit. Meine Vermutung, dass die Steine der Großen Pyramide genau wie die Mauersteine der Tempel polarisiert sind, sollte sich bestätigen. Wir führten unsere Messungen nach einem festgelegten Plan unabhängig voneinander durch und zwar mit dem Bio-Radiometer und den entsprechenden Messkreisen. Folgende Ergebnisse wurden übereinstimmend festgestellt:

1. Die großen Steinblöcke von etwa 2,5 Tonnen hatten durchweg eine starke pluspolige Abstrahlung von 16000 Bovis-Einheiten (Messkreis "Strahlungsintensität"). Dieses Messergebnis war an allen Steinen bis zur Spitze festzustellen.
2. Die Strahlungsfrequenz der Steine betrug überall rund 10^{45} Hertz, was in etwa dem Frequenzbereich der Störzonen entspricht.
3. Parallel zu den Basiskanten war rund um die Pyramide eine 90 Zentimeter breite störungsfreie Zone. Anschließend lief entlang dieser Zone ein Currystreifen. Alle 50 bis 60 Zentimeter wiederholten sich nun abwechselnd diese parallel zur Basiskante verlaufenden störungsfreien Zonen und Currystreifen. Erst nach etwa 28 Metern Entfernung von der Pyramide hatte das Currygitter wieder seinen normalen Verlauf.

Die Schlussfolgerung aus diesen Ergebnissen ist die, dass die pluspoligen Störstrahlen durch die starke pluspolige Strahlung der Steinblöcke parallel zu den Pyramidenflächen abgedrängt werden. (Plus gegen Plus stößt sich ab.) Die gesamte Grundfläche der Pyramide ist dadurch frei von Störzonen, und die kosmische Einstrahlung kann somit durch die extrem hohen Störstrahlen nicht abgeblockt werden. - Leider ist es nicht möglich, solche Messungen in aller Ruhe und Konzentration durchzuführen, da man ständig von Zuschauern gestört wird. Trotzdem waren wir mit unseren Ergebnissen sehr zufrieden, zumal hierdurch meine Empfehlungen bezüglich der natürlichen Entstörung von Bettplätzen, Praxisräumen, Pyramidenmodellen und so weiter mittels polarisierter Steine voll bestätigt wurden. (Siehe hierzu Abschnitt 13 "Möglichkeiten zur Abschirmung von Störzonen".)

In vielen Forschungsreihen wurde nachgewiesen, dass zum Beispiel die Haltbarkeit von Lebensmitteln verlängert werden kann, wenn man sie unter eine Pyramide legt, oder dass Heilprozesse dadurch gefördert wurden, dass sich Versuchspersonen einige Zeit unter einer Pyramide aufgehalten haben. Doch all diese in der Literatur beschriebenen Methoden zur Nutzung der Pyramidenenergie sind für einen praktischen Einsatz schlecht oder gar nicht geeignet. Wer hat schon den Platz oder die Möglichkeit, sich ein größeres Pyramidenmodell zu bauen, zu entstören und irgendwo zu platzieren? Hier soll nun eine Methode beschrieben werden, die diese Nachteile nicht aufweist und sogar noch einige zusätzliche Vorteile bietet.

Nachweis und Wirkung der Pyramide

Ausgehend von der erwiesenen Tatsache, dass innerhalb eines Pyramidenmodells ein höheres und konzentrierteres Energiepotenzial herrscht als außerhalb, lag es nahe, dieses Energiegefälle aus dem Pyramideninneren über ein Kabel nach außen zu leiten. Interessanterweise zeigte sich, dass die normalerweise an der Pyramidenspitze ausstrahlende kosmische Energie verschwindet, sobald die Ableitung über das Kabel nach außen erfolgt. Mit dem RM oder Pendel lässt sich nachweisen, dass die in der Pyramide gesammelte kosmische Energie am anderen Kabelende voll abgestrahlt wird. Dabei spielt die Länge des Kabels keine Rolle. Mit dem

Messkreis zur "Messung der Strahlungsintensität" (Bild 20, S. 83) in Bovis-Einheiten lässt sich leicht kontrollieren, dass nun dieselbe Strahlungsintensität an dem Kabelende abstrahlt, wie sie auch vorher an der Pyramidenspitze zu messen war.

Ehe hier auf die vielen Möglichkeiten dieser Entwicklung und ihre Nutzung für den Menschen eingegangen werden soll, folgen zum besseren Verständnis noch einige erklärende Fakten zu diesem universellen Energiegenerator "Pyramide".

Stellt man das in Nord-Süd-Richtung ausgerichtete Pyramidenmodell mit seinem über ein Kabel ausgeführten Abstrahler etwa zehn bis zwanzig Zentimeter vor ein Radiogerät mit Kurzwellenband, so erhalten wir mit dem dazwischen gehaltenen RM, Pendel oder Rayotest eine zwischen den beiden Geräten hin und her gehende Bewegung. Daraus ist auf eine Beziehung zwischen den beiden abgestrahlten Schwingungen zu schließen, was man auch als Resonanz bezeichnet. Das Wichtigste und Interessanteste an dieser Beobachtung ist, dass diese Resonanz über die ganze Rundfunkskala festzustellen ist. Daraus ist zu schließen, dass die pyramidenenergetische Strahlung eine *Interferenz-Strahlung* ist. Mit anderen Worten: Die Pyramidenstrahlen bestehen aus der Überlagerung einer umfangreichen, universalen Skala von Frequenzen, die aus dem Kosmos zu uns kommen. Es ist bekannt, dass diese zum Teil extrem kurzen Wellen viel durchdringender sind als die härtesten Röntgenstrahlen, ohne jedoch für den menschlichen Organismus schädlich zu sein.

Ein weiterer Versuch in derselben Art und Weise mit dem von der Firma *Rayonex* vertriebenen "Sanotron-Gerät" bestätigt uns wiederum, dass die Pyramidenenergie eine Interferenzstrahlung ist, die die komplette Frequenzskala des Sanotrongerätes beinhaltet. Die Tatsache, dass die Pyramidenstrahlung Interfrequenzstrahlung beinhaltet, ist für uns von ausschlaggebender Bedeutung: Wie aus mikroskopischen und morphologischen Forschungen bekannt ist, erzeugen die Zellen im menschlichen Organismus ebenfalls hochfrequente Schwingungen und senden somit Strahlen von äußerst kurzen Wellenlängen aus. Man bezeichnet sie auch als "zelluläre Schwingungen". Dabei hat jede Zelle beziehungsweise jedes Organ eine Eigenschwingung, deren Frequenz für ihre/seine Art charakteristisch ist. Jede dieser Frequenzen ist in der universellen Skala der kosmischen Wellen vertreten. Organe, die sehr schwache oder gar keine zellulären Schwingungen aussenden, sind auf dem Weg zu einer Krankheit, da sie kein energetisches Potenzial (Zellkapazität) mehr besitzen. Man muss deshalb wieder die ursprüngliche, normale Zellschwingung aktivieren. Dies ist möglich, indem man mittels geeigneter Strahlung eine direkte Wirkung auf die Zellen ausübt, und hierzu ist die Pyramidenenergie ideal. Mit ihrer Hilfe erhalten wir alle notwendigen Frequenzen, die durch ihre hohen Schwingungsintensitäten eine Schwingungsharmonisierung hervorrufen. Oder anders ausgedrückt: **Die Pyramide liefert uns Wellen mit Frequenzen, die mit denen der Zellschwingungen identisch sind und somit auf die Eigenschwingung der Zellen einen unterstützenden Einfluss haben.**

In diesem Zusammenhang sei auch auf die Forschungsergebnisse von Prof. F. A. Popp hingewiesen. Er hat festgestellt, dass die ultrafeine Photonenemission in unseren Zellen ihre Induzierung insbesondere aus dem Spektralbereich der Infrarot- und UV-Strahlung aus dem Kosmos erhält. Da dieser Bereich nachweislich in extrem kohärenter Form auch in der Pyramidenstrahlung enthalten ist, kann damit die Biophotonen-Intensität unserer Zellen mit der Pyramide ideal unterstützt werden.

Aufgrund dieser Erkenntnisse ist es verständlicherweise unbedingt zu vermeiden, sich für längere Zeit auf einem schwingungstoten Platz aufzuhalten, wie er unter Umständen durch besondere auf dem Markt befindliche Entstörmittel entstehen könnte. Aus den vorstehenden Feststellungen von Prof. Popp ist somit auch zu schließen, dass es nicht zutrifft, dass kosmische Strahlen nur etwa ein Prozent der Energie ausmachen, sondern eher eine koordinierende, denn energetische Funktion haben, wie der Autor einer bekannten Zeitschrift behauptet.

Beschreibung der "superstarken Pyramide"

Die üblichen, auf dem Markt erhältlichen Pyramidenmodelle erzeugen je nach Ausführung ein Energiefeld von rund 10000 bis 14000 Bovis-Einheiten (BE). Geht man davon aus, dass die bioenergetische Vitalstrahlung des Menschen im Idealfall bei 7000 bis 8000 BE liegt, so ist der Potenzialunterschied, das heißt das Energiegefälle gegenüber diesen Pyramiden, nicht sonderlich groß. Soll diese Pyramidenenergie aber zur Steigerung oder Unterstützung der menschlichen Zellfrequenz eingesetzt werden, so ist das oben angesprochene Reizpotenzial der normalen, üblichen Pyramiden etwas schwach, was mit einer längeren Einstrahldauer ausgeglichen werden muss. Dasselbe trifft auch zu für Lebensmittel und Ähnliches.

Aus solchen Erwägungen heraus habe ich die sogenannte "superstarke Pyramide" entwickelt. Dieses Modell liefert eine Strahlungsintensität von 34000 Bovis-Einheiten, was rund das Dreifache eines normalen Pyramidenmodells ist. Die Besonderheit dieser Entwicklung liegt darin, dass im unteren Drittel des maßstabgetreuen Cheopsmodells ein Hohlraum-Resonator angebracht wurde. Dadurch entsteht die überstarke Strahlungskonzentration. Sie wird durch eine Metallleitung aufgefangen und durch die Pyramidenspitze nach außen geführt. Dort sitzt auf dieser

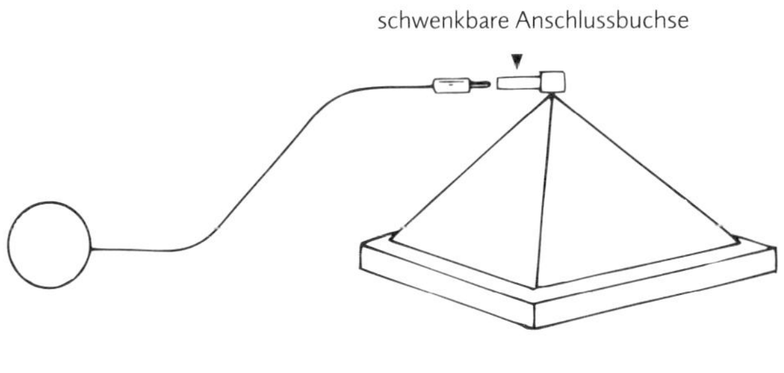

Bild 30

Leitung eine schwenkbare Bananenstecker-Buchse zur Weiterleitung der Pyramidenenergie für allerlei Anwendungsgebiete. (Diese Besonderheiten - die Energieverstärkung und ihre Ableitung nach außen auf ein Kabel - wurden patentrechtlich durch den Gebrauchsmusterschutz G 90 00 790.5 anerkannt.)

Praktische Nutzung der Pyramidenenergie

Zellaktivierung und andere Nutzungsmöglichkeiten

Da im kosmischen Energiepotenzial der Pyramide alle Frequenzmuster einschließlich der kohärenten Strahlungsanteile unserer Organe beziehungsweise Zellen enthalten sind, liegt nichts näher, als sie zur Aktivierung unserer Zellenergie zu nutzen. Mit der schwenkbaren Anschlussbuchse an der Pyramidenspitze ist das oben beschriebene Modell recht einfach und bequem. Das etwa 90 Zentimeter lange Anschlusskabel hat am Ende eine runde Kontaktscheibe. Diese sogenannte Plattenelektrode legt man auf den Solarplexus oder das "Meer der Energie". Während die Pyramide mit einer ihrer Basiskanten nach Nord-Süd ausgerichtet auf einem Tisch oder dergleichen steht, wirkt das Energiepotenzial der Pyramide über das Kabel und die Kontaktplatte auf alle Körperzellen ein. Überall dort, wo die Zelle ein Energiedefizit hat und wo somit eine verminderte Zellstrahlung (Unterfunktion) besteht, wird die **Schwingung der Zelle aktiviert und auf das normale Maß angehoben**. Gleichzeitig steigt auch die gesamte energetische Situation, was mithilfe des Messkreises (Bild 20, S. 83) oder mit einem EAP-Gerät einfach nachgewiesen werden kann.

Eine solche Aufladung benötigt bei dem oben beschriebenen Pyramidenmodell nur ein bis zwei Minuten. Da es sich bei der Pyramidenenergie um sehr durchdringende kosmische Strahlen handelt, gehen sie ungehindert durch die Kleidung hindurch. Es ist jedoch besser, wenn die Elektrode eine Minute auf die nackte Haut oder auf das Wurzelchakra (Steißbein) und eine Minute am Hinterkopf (Hypophyse) aufgelegt wird. Bei farbiger Kleidung wird nämlich das Farbmuster der Kleidung mit eingestrahlt, was nicht immer günstig ist.

Astrophysiker haben festgestellt, dass kosmische Strahlen nach einer Durchdringung von 53 Metern Wasser oder 4 Metern Blei noch nachweisbar sind. Zwei französische Gelehrte, Berget und Nodon, haben vor ein paar Jahren einige Zahlen für die Wellenlänge dieser ultrapenetranten kosmischen Strahlen angegeben. Der erste schätzt sie auf eine Länge von 1012 und 1015 Nanometer, der zweite gibt 1060 Nanometer an. Zahlen, die unserem Vorstellungsvermögen einige Schwierigkeiten bereiten. Diese zelluläre Schwingungsaktivierung hält bei vorherigen Zellunterfunktionen je nach Konstitution etwa drei bis fünf Stunden an. Es ist also sinnvoll, solche kurzen Einstrahlungen täglich ein- bis zweimal konsequent durchzuführen.

Diese Methode hat auch eine prophylaktische Wirkung. Es werden nämlich sowohl die **Abwehrkräfte des Körpers mobilisiert** als auch die **Zellalterung verzögert**. Interessant ist auch, vor und nach der oben beschriebenen Einstrahlung die Plus- und Minus-Generalpunkte zum Beispiel zwischen den Augen (Plus) und über dem Kinn (Minus) zu messen (siehe Kapitel "Diagnose von Krankheitssymptomen"). Durch die vielen elektrischen Einrichtungen in unseren Wohnungen und an unseren Arbeitsplätzen ist nahezu bei jedem Menschen ein sogenannter Polaritätsausfall festzustellen. Das heißt, entweder zeigt der Plus- oder der Minus-Generalpunkt keine energetische Eigenschaft. Die Folgen sind meistens **Abgespanntheit, Kopfschmerzen, schlechter Schlaf** und so weiter. Dagegen zeigt die Messung dieser Punkte mit dem RM nach der ein- bis zweiminütigen Einstrahlung der kosmischen Bioenergie am Solarplexus eine normale energetische und ausgeglichene Situation an allen Generalpunkten.

Es muss an dieser Stelle unbedingt darauf hingewiesen werden, dass die beschriebene Methode der Pyramidenaufladung in Krankheitsfällen zwar eine unterstützende Wirkung bietet, aber eine ärztliche Behandlung nicht ersetzen kann!

Ergänzend zu diesen Ausführungen der Zellaktivierung sei hier noch die Meinung des bekannten russischen Forschers Georges Lakhovsky (1870-1942) über die Zelloszillation kurz zusammengefasst (*Das Geheimnis des Lebens*): Er sieht in der kosmischen Energie den Ausgangspunkt für das Geheimnis des Lebens. Er zog aus den Ergebnissen seiner Experimente den Schluss, dass eine Wechselwirkung zwischen den Strahlungen aus Kosmos sowie Umwelt und der biologischen Pulsation im Energiehaushalt des lebenden Körpers besteht, die sich als Resonanz mit den zellulären Schwingungen nachweisen lässt. Der dabei stattfindende Energieaustausch unterliegt Schwingungsgesetzen, von denen das Wohlleben aller Zellen im biologischen Organismus abhängig ist.

Mit der Zellaktivierung ist jedoch die Nutzung der Pyramidenenergie nicht erschöpft. Auch **bei Muskel- oder Rückenschmerzen** als Folge übermäßiger Anstrengung oder einer Erkältung kann die Bioenergie der Pyramide eine gute Hilfe sein. In solchen Fällen tritt bereits nach etwa 30 Minuten eine spürbare Erleichterung ein. Die Erklärung für dieses Phänomen ist relativ einfach: Das Gewebe bei Muskelschmerzen oder Muskelkater ist stark pluspolig (rechtsdrehend). Dagegen ist das Reizpotenzial der Pyramide minuspolig (linksdrehend), so dass sich beides gegenseitig neutralisieren kann.

Die in der Pyramide aufgefangene und nach außen abgeleitete kosmische Bio-Energie kann aber auch benutzt werden, um die verschiedenen **Körperorgane** über die Akupunkturpunkte an den Fingern und Zehen im Einzelnen direkt **aufzuladen** (siehe Bild 4, S. 33). Diese Methode wird ja bekanntlich auch mit elektronischen Geräten (Perseus-Waldemar, BFD, Pitterling und so weiter) angewandt. Der Vergleich mit diesen Geräten zeigt jedoch, dass die eingestrahlte

Pyramidenenergie ungleich natürlicher und gesünder ist als die künstlich erzeugten Nadelimpulse der elektronischen Geräte.

Ein weiterer Vorzug der Pyramide ist folgender: Bei wiederholten Anwendungen mit elektronischen Reiz- beziehungsweise Therapiegeräten kann das Blut seinen magnetischen Charakter verlieren und nimmt nur noch elektrische Eigenschaften an, was krankmachende Folgen hat. Dagegen hat die Pyramidenstrahlung nachweislich eine natürliche, magnetische Eigenschaft, auf die der Organismus unbedingt angewiesen ist. Umsonst reagieren wir nicht mit schlechtem Schlaf, wenn zum Beispiel der Schlafplatz durch eine Anomalie des Erdmagnetfeldes infolge von Federkernmatratzen, Eisenträgern oder dergleichen beeinflusst wird.

Diese Behauptungen können mit dem RM leicht nachgewiesen werden, indem wir die aktive Elektrode eines EAP-Gerätes genau wie beim Medikamententest vor unseren Körper halten und fragen: "Ist diese Strahlung gut für unseren Organismus?" Das RM wird mit einem klaren "Nein" antworten. Im Gegensatz dazu werden wir bei diesem Test mit der Pyramide eine "Ja-Reaktion" von dem RM erhalten.

Um nun die Organe im Einzelnen über die speziellen Akupunkturpunkte direkt aufzuladen, wird die Kontaktplatte jeweils etwa eine Minute auf die entsprechenden Akupunkturpunkte aufgesetzt. Dasselbe kann auch mit einer Rollelektrode geschehen. Schon nach etwa einer Minute ist festzustellen, dass die ursprüngliche Unterfunktion des betreffenden Organs auf ein normales Maß verbessert wurde. Da bei einer solchen wiederholten Anwendung über einen längeren Zeitraum die eingestrahlte kosmische Bioenergie aus der Pyramide gesundheitsfördernd wirkt, ist daraus zu schließen, dass die von der Pyramide erzeugten Energieschwingungen das Resonanzniveau der Zellen, des Gewebes oder der Organe auf eine optimale Funktionshöhe anheben beziehungsweise energetisch unterstützen. Das bedeutet, dass Zellreaktionsstarren und insbesondere Potenzialresonanz-Blockaden beseitigt werden.

Nutzung der kosmischen Pyramidenenergie als Trägerfrequenz für andere Frequenzmuster

Zahlreiche praktische Versuche haben gezeigt, dass es ohne Weiteres möglich ist, die kosmischen Schwingungen der Pyramide als sogenannte Trägerfrequenz für andere spezielle Frequenzmuster zu benutzen. Mit Letzteren sind Schwingungen, das heißt Frequenzen gemeint, die zum Beispiel von Heilkräutern oder anderen Mitteln ausgestrahlt werden.

Zur Durchführung dieser Methode wird in die schwenkbare Steckbuchse an der Pyramidenspitze eine Hohlpatrone eingesetzt. In das Innere kommt die gewünschte Substanz, deren Frequenzmuster beziehungsweise Strahlung von der Trägerfrequenz der Pyramide weitertransportiert werden soll. In das freie Ende der Patrone steckt man das Kabel mit der Kontaktplatte oder ein Abtastkabel.

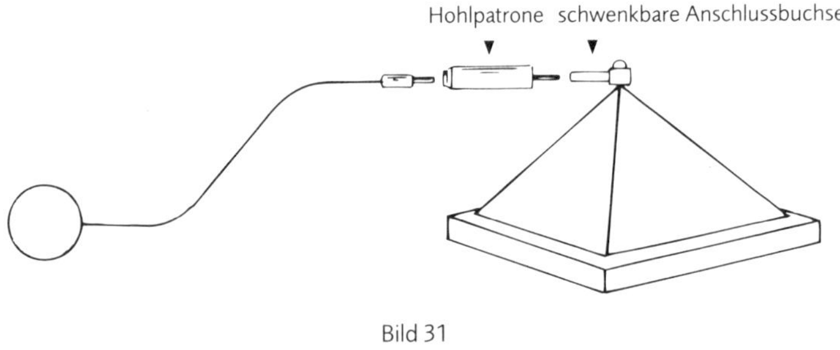

Bild 31

Indem nun die Pyramidenschwingungen durch die Patrone über das Kabel zur Kontaktplatte fließen, überlagern sie sich mit den Frequenzen der in der Patrone befindlichen Substanz. Diese so kombinierte Pyramiden-Substanz-Strahlung kann nun über spezielle Akupunkturpunkte oder direkt an der Körperstelle eines bestimmten Organs eingestrahlt werden. Bereits nach ein bis zwei Minuten zeigt der Beziehungstest mit dem RM oder Pendel im Gegensatz zu vorher eine Ablehnung. Das bedeutet, dass eine sogenannte Saturierung (Sättigung) eingetreten ist. Eine solche Einstrahlung ist häufiger zu wiederholen, bis der Beziehungstest bereits vor der Einstrahlung eine Ablehnung zeigt, denn das würde bedeuten, dass der Körper beziehungsweise das betreffende Organ diese Aktivierungshilfe nicht mehr benötigt.

Da man auf Reisen oder bei der Arbeit unter Umständen nicht immer ein Pyramidenmodell dabei haben kann, besteht auch die Möglichkeit, das notwendige Schwingungsmuster der jeweiligen Heilinformationen in eine Trägerflüssigkeit einzustrahlen und somit zu speichern. Hierzu benutzt man eine kleine Flasche mit leicht alkoholhaltigem Wasser (etwa 10 Prozent) und stellt sie einfach auf die Kontaktplatte. Nach einiger Zeit (etwa 30 Minuten) ist die Trägerflüssigkeit durch die kosmische Strahlung der Pyramide mit der Heilschwingung (zum Beispiel Heilkraut) aufgeladen. Unzählige Testabfragen haben ergeben, dass je nach Fall die Einnahme von nur drei bis zehn Tropfen dreimal täglich genügen. Natürlich ist es selbstverständlich, dass diese Methode nur von medizinisch ausgebildetem Personal getestet und angewandt werden kann. Nach der oben geschilderten Art und Weise erhält man eine "pyramidendynamisierte" homöopathische Flüssigkeit.

Zusammenfassend sei festgestellt, dass es möglich ist, mithilfe der Pyramidenenergie Symptome, die sich noch im präklinischen Stadium befinden, durch Immunstimulation rechtzeitig zu bekämpfen, wenn gleichzeitig eine ärztliche Behandlung durchgeführt wird. Aber die rechtzeitige Behandlung mit der Pyramidenmethode oder auch mit Medikamenten allein hilft nichts, wenn die Ursache der allmählich entstandenen Unterfunktion nicht vorher diagnostisch gesucht und beseitigt wird! Auch muss nochmals ausdrücklich darauf hingewiesen werden, dass die Pyramidenenergie, gleichwohl in welcher Form sie angewandt wird, kein Mittel ist, das schlagartig Erfolg bringt. So wie nur ein einmaliges Gießen einer Pflanze keinen Sinn und Erfolg hätte, so hilft auch die Bioenergie der Pyramide nur bei regelmäßiger Anwendung. Man bedenke immer, dass es sich hier um eine “sanfte”, feinstoffliche und natürliche Energiestrahlung handelt, die nicht jeder spüren kann und die auch nicht wie ein Blocker oder eine Morphiumspritze wirken kann und soll.

Das Pyramid-Ion als Mittel zur Anreicherung der Luft mit Minus-Ionen

Mit Ionenzählern kann in Gebäuden immer wieder festgestellt werden, dass die Verteilung der Plus- und Minus-Ionen in der Luft infolge der umfangreichen elektrischen Installationen, Geräte, Fernseher und so weiter total aus dem Gleichgewicht gebracht wird. Während in der Natur die Plus- und Minus-Ionen gleiche Anteile haben, betragen in unseren Wohnräumen oder Büros die Plus-Ionen oft das Drei- bis Vierfache der Minus-Ionen. Es ist einleuchtend, dass ein solches übermäßiges Plus-Milieu im Laufe der Zeit körperliche Schäden verursacht.

Bild 32 zeigt eine einfache Anordnung der Orgon-Pyramide in Verbindung mit einem zusätzlichen Verstärkerrohr. Hier wird die bioenergetische Pyramidenstrahlung über einen Strahler in ein aufrecht stehendes Rohr gestrahlt. Aufgrund des “Kamineffektes” wird die Strahlung beschleunigt, so dass am oberen Ende des Rohrs eine extrem minuspolige Abstrahlung entsteht.

Die aufgeschraubte Bronzekugel am Rohrende lenkt die austretende minuspolige Strahlung horizontal in einem Winkel von etwa 30 Grad in die Raumluft ab. In Kugelnähe beträgt das Ladungsverhältnis der Luft-Ionen 8:1, das heißt, dieser Luftbereich ist mit acht Minus- und einem Plus-Ion angereichert. Dieses Ladungsverhältnis nimmt mit zunehmender Entfernung von der Kugel linear ab, so dass in etwa 2,3 Metern Abstand noch etwa zwei Minus-Ionen gegenüber einem Plus-Ion festgestellt werden können. Die Aufstellung eines solchen Gerätes mit angeschlossener Pyramide ist insbesondere im Schlafzimmer vorteilhaft, da diese Luft-Ionisierung in etwa den Luftverhältnissen an der See oder im Hochgebirge entspricht. Es

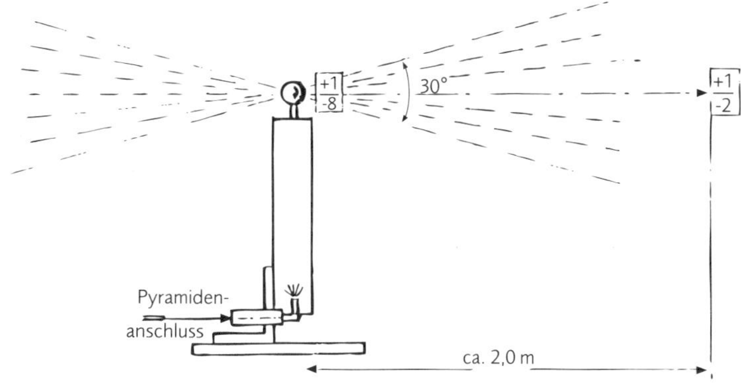

Bild 32 Strahlungsbereich des Pyramid-Ions

hat sich als besonders wirksam herausgestellt, wenn bei der Anwendung dieses Pyramid-Ions in dem Raum gleichzeitig auch ein Ionenausgleicher installiert ist, der die pluspolige Ionisierung der Raumluft auf das normale Verhältnis von 1:1 bringt.

Die minuspolige Bioenergiestrahlung des Pyramid-Ions kann auch als hilfreiche Einrichtung benutzt werden, um Beschwerden der Atemwege zu lindern. Zu diesem Zweck wird über das Rohrende ein Kunststoffschlauch geschoben, dessen Ende mit einer Atemmaske verbunden ist. Etwa stündliches Inhalieren dieser Luft für etwa ein bis zwei Minuten hilft gegen die pluspoligen Entzündungsherde und verbessert außerdem die energetische Vitalsituation. Auch bei dieser Anwendung stellt sich eine Wirkung nicht sofort ein, sondern je nach Schwere der Entzündung erst nach regelmäßiger Inhalation.

Das Pyramid-Ion und die angeschlossene Pyramide müssen auf einem störungsfreien Platz stehen. Wegen der Minus-Ionen-Erzeugung wurde diese Geräteanordnung als Pyramid-Ion bezeichnet.

Hinweis:

Das Pyramid-Ion ist heute nicht mehr im Handel erhältlich. Die ausgleichende Ionisierung kann heute einfacher und wirkungsvoller durch den E-Smog-Regulator erzielt werden.

Farbtherapie mit Pyramiden

Die Farbtherapie wird bereits in vielen Praxen mit Erfolg angewandt. Auch bei ihr handelt es sich um feinstoffliche, spezielle Frequenzmuster, die eine therapeutische Wirkung haben. Als Literaturtipp ist unter anderem das Buch *Farben und Gesundheit* (siehe Literaturempfehlungen) zu empfehlen. Die Autorin ist Heilpraktikerin und beschäftigt sich seit Jahren eingehend mit der Farbtherapie, und auch sie arbeitet mit dem nachstehend beschriebenen Pyramiden-Farbtableau. Aufgrund ihrer Erfahrungen gibt sie hierzu in ihrem Buch praktische Anwendungshinweise.

Bei den zurzeit auf dem Markt angebotenen Geräten werden die verschiedenen Farbschwingungen über auswechselbare Farbfolien elektrisch oder elektronisch erzeugt. Diese künstlichen Trägerfrequenzen sind im Gegensatz zu den Farbpyramiden nicht sehr körperfreundlich. Es ist weit sinnvoller, die notwendigen Farbmuster bei einer Therapie mit einer natürlichen Trägerfrequenz einzuschwingen.

Bei der Farbtherapie sind Pyramiden ein unbedingt notwendiges Instrument des Therapeuten. Farben beeinflussen auf harmonische Weise gezielt die feinstofflichen Organe und Chakren. Genau wie Bachblüten sind Farben energetische Heilmittel mit intensiver Wirkung. Deshalb können mit Pyramidenmodellen aus farbigem Acrylglas wegen ihrer natürlichen und hohen Strahlungsintensität bereits nach kurzer Zeit spürbare Wirkungen erzielt werden, insbesondere bei der Akupunktur. Aus diesen Gründen wurde ein universelles Pyramiden-Farbtableau entwickelt, das sich sowohl beim Menschen als auch in der Tier-Heilpraxis sehr gut bewährt hat.

Beschreibung des Gerätes:

Auf einem Gehäuse von etwa 25 x 25 Zentimetern sind sieben regenbogenfarbene und ein weißes Pyramidenmodell angebracht.

Sie sind aus Acrylglas hergestellt und liefern aufgrund der im Inneren angebrachten Verstärkungskammern eine erhöhte Strahlungsintensität von etwa 30 000 Bovis-Einheiten. Die Pyramiden-Farbschwingungen werden jeweils in acht Steckbuchsen geleitet. So ist es möglich, die verschiedenen Farbfrequenzen an den Steckbuchsen mit einem Einstrahlkabel abzugreifen. Die Farben können zudem mit einem zusätzlichen Kabel je nach Bedarf gemischt werden. Die Einstrahlung von Farbmustern zum Beispiel in die Ohr-Akupunkturpunkte erfolgt über eine vergoldete Strahlspitze am Kabelende und benötigt höchstens 30 Sekunden pro Punkt. Natürlich muss das Tableau mit einer Gehäusekante in Nord-Süd-Richtung ausgerichtet sein und auch auf einem störungsfreien Platz stehen.

Die Einstrahlung der Farbfrequenzen kann auch direkt auf Körperorgane oder in homöopathische Mittel beziehungsweise Flüssigkeiten erfolgen. Auch die Einstrahlung eines vorher mit dem Pendel oder der Einhandrute abgefragten Farbmusters in die Vakuumflasche (durch ein Metallband) bei Ozon-Blutbehandlungen oder bei der Sauerstoff-Therapie ist ein probates Mittel zur Anregung der Heilkräfte.

Sehr interessant sind zu diesem Thema die Erfahrungen einer Heilpraktikerin aus Pfaffing in Oberbayern: "Bei Kindern wirkt die farbige Bestrahlung an Akupunkturpunkten sehr schnell und hat den großen Vorteil, im Gegensatz zu Nadeln absolut schmerzlos zu sein. Fiebrige Infekte werden abwechselnd mit Blau und Rot behandelt, außerdem kann man eine Flasche Wasser einige Minuten mit der passenden Farbe bestrahlen und dem kleinen Patienten über den Tag verteilt zu trinken geben. Das Fieber und die begleitenden Beschwerden werden dann recht schnell vergehen. Allerdings muss ich erwähnen, dass ich die Farbauswahl immer mit dem RM überprüfe, denn es ist auch von der Gesamtkonstitution, der Tageszeit und dem Gemütszustand abhängig, welche Farbe dem kranken Menschen guttut.

Akute Erkrankungen wie Kopfschmerzen, Grippe, Neuralgien, Entzündungen und so weiter werden täglich über einen Zeitraum von ein bis zwei Wochen behandelt. Bei chronischen Beschwerden, wie Rheuma, Ekzemen, Depressionen und Ähnlichem, ist es vorteilhafter, zwei- bis dreimal in der Woche über einen längeren Zeitraum zu bestrahlen. Sehr gute Erfolge bringt die Farbbestrahlung auch bei Dermatosen, zum Beispiel bei Akne (vorwiegend Rot), und auch Neurodermitis kann so behandelt werden, wobei die Farbpunktur hier eine von mehreren Maßnahmen darstellt.

Besonders eindrucksvoll hat die Farbtherapie einer an multipler Sklerose erkrankten Frau geholfen, die unter einschießenden Spasmen der linken Körperseite litt. Mit der Gehirnharmonisierung I und II nach Peter Mandel spürte sie eine schnelle Erleichterung und nach dreiwöchiger Bestrahlung eine starke Besserung der Beschwerden. Natürlich hat auch das große Energiepotenzial der Pyramide, über die die Farbe ausgestrahlt wird, zu dieser Besserung beigetragen.

Auch die sogenannten vegetativen Dystonien, also stressgeplagte und überforderte Patienten, empfinden eine sofortige wohltuende Entspannung nach der Farbpunktur. Diese sanfte Ganzkörpertherapie ist aus meiner täglichen Praxisarbeit nicht wegzudenken."

Hinweis:
Für die Farbtherapie steht heute statt des Pyramiden-Farbtableaus ein Farbmodul für den Strahlen-Konverter zur Verfügung.

Bestrahlung von Nahrungsmitteln durch Pyramide und Orgonplatte

Es ist allgemein bekannt, dass Nahrungsmittel eine energetische Aufladung erhalten, wenn sie unter eine Pyramide gelegt werden. Aus Platzgründen ist diese Methode jedoch nicht allzu praktisch, doch bei einem Pyramidenmodell mit nach außen abgeleiteter Bioenergie kann das sehr viel besser durchgeführt werden.

Durch das Behandeln mit Insektiziden, Pestiziden und durch die übermäßige Verwendung von Kunstdünger in der Land-, Gemüse- und Obstwirtschaft enthalten alle so erzeugten Nahrungsmittel organschädliche Giftstrahlen. Viele Versuche und Messungen haben gezeigt, dass diese schädlichen Strahlungen durch das Bestrahlen mit der kosmischen Bioenergie aus der Pyramide eliminiert werden. Dasselbe geschieht auch mit der immer noch in allen - auch bei biologisch erzeugten Lebensmitteln - vorhandenen radioaktiven Strahlung. Betroffen sind hiervon sowohl die Milch als auch Brot, Fleisch, Wurst, Gemüse, Obst und so weiter. Meine Messungen der Luft und von Lebensmitteln bezüglich radioaktiver Strahlung ergeben immer noch das Acht- bis Zehnfache des Normalwertes. Mit dem Pendel oder der Einhandrute (Bio-Radiometer, Bio-Tensor und so weiter) lassen sich die Eigenschaften der Lebensmittel vor und nach der Bestrahlung einwandfrei nachweisen. Die Bestrahlung von Lebensmitteln sollte etwa 30 Minuten betragen. Längere Bestrahlungszeiten schaden nicht!

Eine ideale Lösung für das obige Problem ist jedoch der kombinierte Einsatz von Orgonplatte und Pyramide (Maße: 25 cm x 45 cm). Die Orgonplatte ist nach den Erkenntnissen von Dr. Wilhelm Reich aufgebaut, der die von diesem System erzeugten Abstrahlungen als *Orgonenergie* bezeichnete (siehe Kapitel 14). Personen, die einigermaßen sensitiv sind, können diese Abstrahlung über der Platte mit den flachen Händen fühlen. Verbindet man nun die Orgonplatte durch ein Kabel mit einem Pyramidenmodell, so entsteht dadurch eine verstärkte und ideale Abstrahlung über der Platte. Alle Nahrungsmittel sowie Kaffeewasser, Getränke aller Art oder auch kosmetische Artikel können auf der Platte abgelegt und aufgeladen werden. Ein Beispiel: Leitungswasser, das eine "leichte Giftstrahlung" von Stufe 7 (Bild 24, S. 91) auf dem Messkreis hatte, zeigte nach etwa dreiminütiger Behandlung auf der mit der Pyramide gekoppelten Orgonplatte eine "gesunde Strahlung" der Stufe 2!

Manche Leser werden jetzt denken: Das hört sich alles ganz gut an. Aber wo ist der Beweis, dass die Pyramiden- beziehungsweise Orgonstrahlung das sogenannte "tote" Wasser oder Gemüse wieder in einen für den Menschen brauchbaren Zustand bringt? Wer einigermaßen mit dem Bio-Radiometer oder Pendel umgehen kann, ist ohne Weiteres in der Lage, all diese Feststellungen nachzuprüfen. Diejenigen, die das nicht können, aber die nützliche Wirkung der Pyramide und der Orgonplatte zugunsten ihrer Gesundheit auch nutzen möchten, mögen die nachfolgenden Ausführungen überzeugen.

Die Kirlianfotografie

Mithilfe der Kirlianfotografie ist es möglich, über ein Hochspannungswechselfeld das bioenergetische Strahlungsfeld eines Objektes fotografisch sichtbar zu machen. Da bekanntlich insbesondere pflanzliche Nahrungsmittel eine feinstoffliche Biostrahlung (Aura) aussenden, wurde für die nachstehend gezeigten Aufnahmen ein Porree und ein Blumenkohl französischer Herkunft in einem Supermarkt eingekauft. Das Ziel war es, die feinstoffliche Strahlung dieser Nahrungsmittel - vor und nach der Behandlung auf einer mit einer Pyramide verbundenen Orgonplatte - mithilfe der Kirlianfotografie sichtbar zu machen. Zu diesem Zweck wurde der Porree am Stengel quer durchgeschnitten, ebenso ein Blumenkohlröschen. Beide wurden nach dem ersten Foto 15 Minuten lang auf die mit der Pyramide gekoppelte Orgonplatte gelegt.

Die stark dunkel getönten Flächen in den Abbildungen 33 b und 34 b zeigen, dass die Objekte nach der Behandlung eine sehr viel intensivere bioenergetische Strahlung besitzen als vorher. Damit ist der eindeutige Beweis geliefert, dass das hohe kosmische Strahlungspotenzial der Orgonplatte und der Pyramide die Lebensmittel

Querschnitt durch einen Porree-Stängel

Bild 33 a

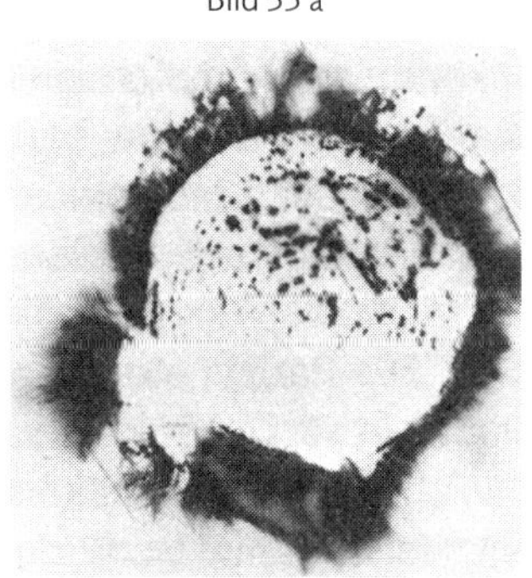

Vor der Behandlung

Bild 33 b

Nach 10-minütiger Behandlung auf der Orgonplatte mit Pyramide

Teil eines Blumenkohls

Bild 34 a

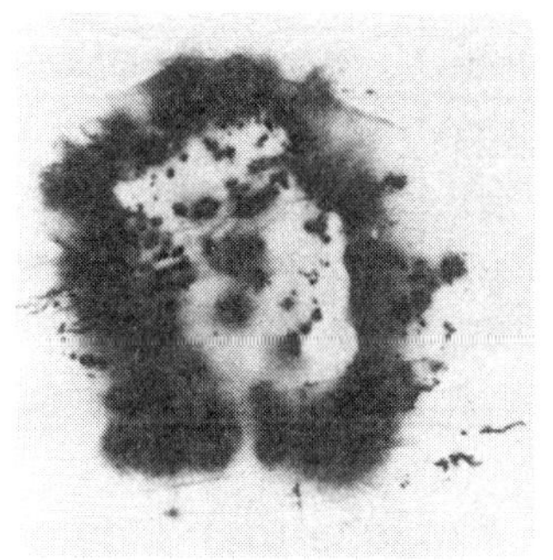

Vor der Behandlung

Bild 35 b

Nach 10-minütiger Behandlung auf der Orgonplatte mit Pyramide

wieder zu einer energiereichen und ungiftigen Kost aufbauen kann. Was man allerdings aus diesen Fotoaufnahmen nicht ersehen kann, ist das Eliminieren beziehungsweise Verschwinden der vorher vorhandenen leichten Giftstrahlung, die auf Kunstdünger oder Insektizide zurückzuführen ist.

Einem passionierten Bio-Hobbygärtner ist es kaum möglich, ohne Kunstdünger und Spritzmittel einen riesigen und makellosen Porree oder Blumenkohl hervorzubringen. Die im Gemüse enthaltene ungesunde, leicht giftige Strahlung kann aber mit den in Kapitel 15 beschriebenen Messkreisen leicht nachgewiesen werden. Die Prüfung der Polarität an den Bildern ergibt bei den unbehandelten Objekten eine pluspolige und nach der Behandlung eine minuspolige Strahlung. Schon diese Tatsache deutet darauf hin, dass Letzteres eine gesunde Strahlung ist. Nun handelt es sich bei dieser Qualitätsverbesserung aber keineswegs um Zauberei, sondern um einen physikalisch erklärbaren Vorgang. Es passiert nämlich nichts anderes, als dass die sehr viel stärkere, minuspolige kosmische Energiestrahlung aus der Orgonplatte die sehr schwache, pluspolige (rechtsdrehend) und leicht giftige Strahlung aufhebt. Weitere Eigenschaften, die ermittelt werden konnten, sind in der folgenden Tabelle zusammengestellt.

	vor Behandlung		nach Behandlung	
	Porree	Blumenk.	Porree	Blumenk.
Strahlungsintensität in Bovis-Einheiten	500	1000	6500	6500
Strahlungsart Messkreis Bild 24, S. 91	Stufe 8	Stufe 7	Stufe 1	Stufe 1
	leicht giftig		gesunde Strahlung	

Abschließend sei noch auf eine einfache und allgemein bekannte Prüfung bei Nahrungsmitteln hingewiesen: der Verträglichkeitstest gemäß Kapitel 4 vor und nach einer Orgonbehandlung.

Hinweis:

Die Energetisierung von Lebensmitteln und Wasser wird heute schneller und einfacher mit eigenständig arbeitenden Detox-Energetisierungsplatten erreicht, die mit der bewährten Konverter-Technologie arbeiten. Detox-Platten erhalten Sie bei *ReVitaMed*, Adresse im Anhang.

Eine ganz neue Therapiemethode mit der "superstarken" Pyramide

Die Therapie mit invertierter Patienten-Eigenschwingung: Eine sehr hilfreiche und neuartige Nutzung der Pyramidenenergie ist die Behandlung mit der pathologischen (kranken) Eigenschwingung des Patienten.

Zur Durchführung einer solchen Methode wurde eine spezielle Pyramide entwickelt, bei der an der Basis eine zusätzliche Metallschiene mit Steckeranschluss angebracht wurde. Sie dient zum Aufnehmen beziehungsweise Absaugen von vorgeschalteten Schwingungen. Dieselben werden nämlich in das Pyramideninnere aufgenommen und durch den dort herrschenden Energiespin invertiert. Das heißt, die eingesaugte Schwingung wird umgepolt und strahlt als aufmoduliertes, invertiertes Frequenzmuster mit der verstärkten Pyramidenenergie an dem oberen Schwenkanschluss der Pyramidenspitze ab.

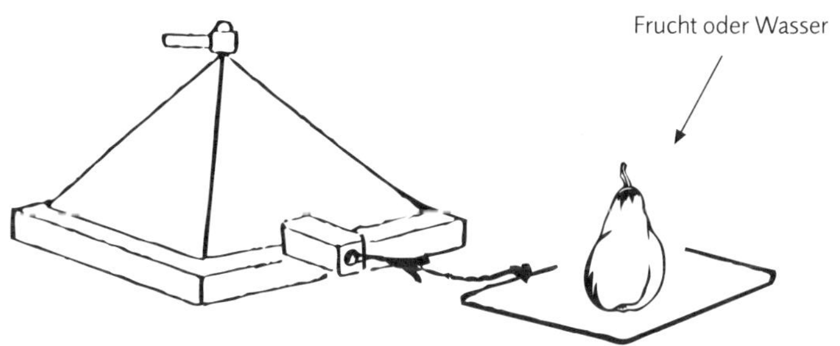

Bild 35 Nachweis der Saugwirkung am unteren Anschluss der Pyramide

Zum besseren Verständnis und auch zum Beweis, wie das funktioniert, soll das folgende Experiment dienen: Ein durch Insektiziden-Spritzung giftiger Apfel oder eine Tomate wird mit dem Messkreis für "Giftstrahlung" (Bild 24, S.91) auf seine beziehungsweise ihre Strahlung überprüft. In solchen Fällen stellt man meistens eine Giftstrahlung der Stufe 10 (im 3. Quadranten des Kreises) fest. Nach dieser Messung wird in die betreffende Frucht ein Kabel gesteckt, das andere Ende ist im unteren Steckeranschluss der Pyramide.

Nach zwei bis drei Minuten nimmt man die Frucht weg und misst ihre Strahlung mit dem Gift-Messkreis erneut. Überraschenderweise ist jetzt keine giftige Strahlung mehr festzustellen, sondern das Bio-Radiometer zeigt in den ersten Quadranten des Kreises, und zwar meistens etwa auf die Stufe 3. Auch ein Verträglichkeitstest (siehe Kapitel 4) zeigt nun, dass unser Körper diese Frucht im Gegensatz zu vorher nicht mehr ablehnt.

Dasselbe Experiment wurde auch mit einem energetisch stark aufgeladenen Glas Wasser durchgeführt. Auch hier war nach einigen Minuten die Energieschwingung des Wassers vollkommen abgesaugt, mit anderen Worten: Es war totes Wasser!

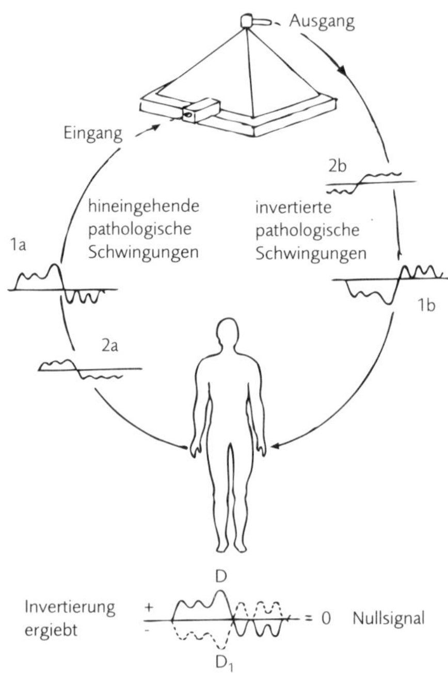

Bild 36 Patient mit angeschlossener Pyramide

Aufgrund dieser Ergebnisse kommt man unwillkürlich auf die Idee, statt eines Apfels eine Handelektrode am unteren Anschluss anzubringen, um so die Eigenschwingung eines Patienten in die Pyramide zu leiten. Sofern nun in der Eigenschwingung krankhafte (pathologische) Schwingungen enthalten sind, werden sie durch die linkspolige gesunde Energie in der Pyramide umgepolt, oder wie der Fachausdruck heißt: Sie wird invertiert. Diese invertierte Schwingung wird nun vom oberen Schwenkanschluss der Pyramide mit einem Kabel zu der anderen Hand des Patienten zurückgeleitet. Es entsteht somit ein Kreislauf, bei dem ständig das umgekehrte Frequenzmuster der pathologischen Eigenschwingung durch den Körper des Patienten strömt und somit die Krankheit bekämpft.

Misst man etwa fünf Minuten nach einer solchen Behandlung am Patienten mit dem nachstehenden Messkreis (Bild 37) die Stufe der pathologischen Eigenschwingung, so stellt man fest, dass dieselbe im Gegensatz zu dem Messergebnis vor der Behandlung

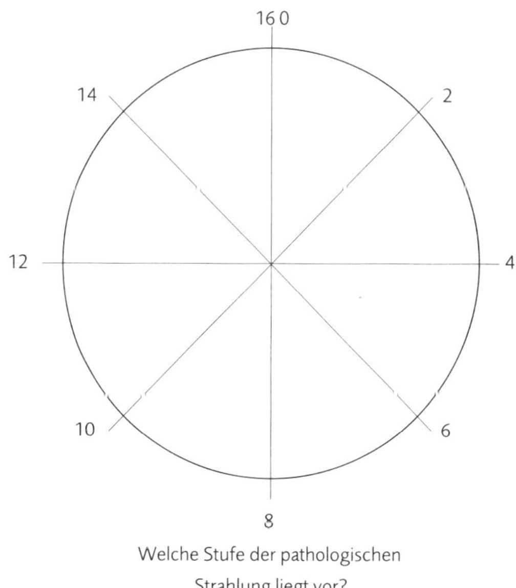

Welche Stufe der pathologischen Strahlung liegt vor?

Bild 37

stark zurückgegangen ist. Auch vorherige toxische Belastungen sind anschließend nicht mehr feststellbar.

Zusammenfassend kann als Erklärung für die oben angegebene Methode Folgendes gesagt werden: Wenn ein Organ erkrankt, dann wechselt es seine Polarität und nimmt die Polarität der Krankheit an. Das Heilmittel zur Behebung der Krankheit muss nun die gleiche Frequenz, aber die umgekehrte Polarität haben!

Die oben beschriebene Therapiemethode mit der speziellen Pyramide ist meines Erachtens unter anderem eine hilfreiche Maßnahme gegen die immer häufiger auftretenden Allergien und toxischen Belastungen. Allerdings ist es nicht Sinn der Sache, etwas zu reparieren, was durch bestimmte Einflüsse, zum Beispiel vergiftete Nahrungsmittel, hervorgerufen wurde. Man soll das Übel immer erst beim Verursacher suchen und abstellen. Dazu gehören das vorherige Testen von Heilmitteln, Lebensmitteln, Textilien und so weiter auf Verträglichkeit mit dem Pendel oder RM.

Darüber hinaus kann aber bei allergieauslösenden Stoffen die invertierte Eigenschwingung ein geeignetes Mittel sein, eine solche Empfindlichkeit zu bekämpfen. Als Beispiel sei die Behandlung einer Allergie gegen Katzen, Hunde oder Pferde beschrieben: Man schaltet in solchen Fällen zwischen die Handelektrode und den unteren Basisanschluss der Pyramide eine Hohlpatrone oder eine Ampullen-Testwabe. In diese gibt man einige Katzen-, Hunde- oder Pferdehaare oder je nach Fall auch entsprechende Textilien. Die Schwingungen dieser Allergene werden von der Pyramide aufgenommen und als invertiertes (umgepoltes) Schwingungsmuster über das obere Kabel dem Körper wieder zugeleitet. Nach mehreren Wiederholungen einer solchen Behandlung verschwinden die Allergieerscheinungen. Das kann jeweils mit dem RM abgefragt werden.

Abschließend sei der Vollständigkeit halber noch darauf hingewiesen, dass es sinnvoll und sehr empfehlenswert ist, diese Behandlungsmethode aus prophylaktischen Gründen täglich selbst durchzuführen (natürlich ohne Katzen- oder Hundehaare). Diese drei bis fünf Minuten werden sich bestimmt auszahlen.

Hinweis:
Pyramide und Orgonplatte sind heute nicht mehr im Handel erhältlich. Doch Otto Höpfner hat seine Geräte stetig weiterentwickelt, und daher wird heute der moderne Strahlen-Konverter eingesetzt. Den Strahlen-Konverter, auch Energie-Verstärker genannt, erhalten Sie bei *ReVitaMed*, Adresse am Ende des Buches.

Allergien löschen mit der Spezialpyramide
(System Höpfner, Methode Dr. Altrock)
Allergien sind ein weitverbreitetes Übel. Um bei deren Behandlung die Nachteile elektronischer "Resonanzgeräte" zu umgehen, hat Dr. med. Theresia Altrock im Rahmen ihrer Versuche eine wirksame Methode entwickelt, wie Allergien mit der Spezialpyramide (System Höpfner) gelöscht werden können. Das Verfahren, mit der Pyramide Allergien zu eliminieren, hat den Vorteil, dass hier ein Umpolen der patienteneigenen Schwingungen - genau wie bei der "Eigenschwingungstherapie" - ohne großen Aufwand zu erreichen ist. Gleichzeitig werden auch toxische Belastungen invertiert und als harmonische Schwingungen an den Patienten zurückgegeben.

Der Behandlungsverlauf ist folgender: Zunächst wird getestet, welche Allergene vorhanden sind, das heißt, welche Stoffe bei dem betreffenden Patienten Allergien oder Überempfindlichkeitsreaktionen hervorrufen. Das kann man mit dem Bio-Radiometer, dem Polfilter und dem Pulsreflex nach Nogier oder mit dem kinesiologischen "Armtest" nachweisen. Als Allergene kann man Blüten, Hausstaub, Lebensmittel, Farben und anderes mehr in natura nehmen. Allerdings gibt es auch gebrauchsfertige, in Glasröhrchen verpackte Allergene, die auch Pestizide, Wohngifte, Konservierungsstoffe, Emulgatoren, Industriegifte und andere Stoffe umfassen, auf die manche Menschen allergisch reagieren. Man legt die getesteten Allergene in einen sogenannten Ampullenbecher, der mit dem oberen Schwenkanschluss der Pyramide verbunden ist. Ein zweites Kabel führt vom Becher zum Patienten zurück - und zwar auf bestimmte Kontaktpunkte am Ohr, über die man Allergien behandeln kann; es sind die Steuerpunkte für die genetischen Achsen der erworbenen und der ererbten Allergien. Außerdem hält der Patient eine Handelektrode, die zum unteren Anschluss der Pyramide führt.

Jeder der beiden Ohrpunkte wird eine Minute lang mit dem Ende des Kabels aus dem Becher berührt. Danach sind durch die im Becher befindlichen Allergene die Allergien des Patienten gelöscht. Das heißt, sie rufen ab sofort beim Patienten keine Allergien mehr hervor, was anschließend durch eine erneute Testung bestätigt werden kann. Mit dieser Methode können

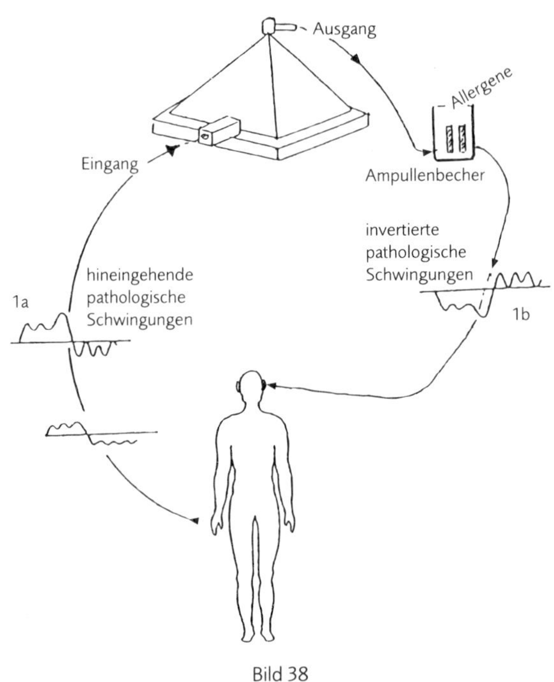

Bild 38

mehrere Allergene gleichzeitig gelöscht werden. In besonders schwierigen Fällen ist die Behandlung gegebenenfalls mehrmals durchzuführen.

Magnetisches und gesundes Wasser aus der Wasserleitung

Wasser ist bekanntlich eines unserer wichtigsten Lebensmittel, aber leider ist es durch das Einsickern schädlicher Stoffe in das Grundwasser mit allen möglichen Giftschwingungen belastet. Ferner verliert es auch infolge der notwendigen Aufbereitungen im Wasserwerk und durch die Pumpstationen seine magnetische Eigenschaft, welche für unseren Organismus so wichtig wäre. Viele meiner Messungen mit dem Bio-Radiometer und den entsprechenden Messkreisen haben in verschiedenen Orten durchweg die folgenden Mängel aufgezeigt:

1. Das Leitungswasser ist so gut wie energielos. Man könnte es praktisch als totes Wasser bezeichnen. Im Durchschnitt liegt es nach dem Messkreis auf Seite 83 (Bild 20) höchstens bei 200 Bovis-Einheiten.
2. Im Gegensatz zum natürlichen Quellwasser besitzt unser Leitungswasser keine magnetische Eigenschaft.
3. Bei allen Messungen wurde mit dem Messkreis für "gesunde und giftige Strahlung" (Bild 24, S. 91) eine Giftintensität bis zur Stufe 9 festgestellt. Auch der Verträglichkeitstest (Kapitel 4) ergab in allen Fällen ein eindeutiges "NEIN".

Es erscheint aber fast wie ein kleines Wunder, dass wir in der Lage sind, all diese schädlichen Eigenschaften unseres Leitungswassers ohne großen Aufwand zu beseitigen! Es ist ganz einfach möglich durch unsere Pyramide. Hier handelt es sich um eine spezielle Ausführung des durch Gebrauchsmuster geschützten Pyramidenmodells, welches unter anderem auch für den Anschluss an die Wasserleitung bestens geeignet ist. Diese Pyramide hat aufgrund ihrer besonderen inneren Einrichtung eine Strahlungsintensität von rund 34000 Bovis-Einheiten. Sie wird über ihren oberen Steckeranschluss durch ein Kabel mit der Wasserleitung in guten Kontakt gebracht (blankes Drahtende um das Leitungsrohr wickeln). Sofern diese Pyramide nach Nord-Süd ausgerichtet ist und auf einem störungsfreien Platz steht, wird das Wasser im ganzen Haus, ja in allen Etagen energetisch mit einer Strahlungsintensität von rund 16000 Bovis-Einheiten aufgeladen. Auch nach einigen Minuten Duschbad ist die Energiestrahlung trotz Durchlauferhitzer noch dieselbe wie vorher. Und der besondere Vorteil dabei ist: Die Haut nimmt während der Dusche die Energiestrahlung aus dem Wasser auf und verbessert somit die körpereigenen Zellschwingungen. Wiederholte Messungen vor und nach dem Duschen mit dem Bovis-Messkreis haben ergeben, dass nach dem Duschen die Zellstrahlungsintensität von vorher 4500 auf 8000 Bovis-Einheiten angehoben wurde. Ein Beweis dafür, dass die Haut die Energiestrahlung des Wassers aufgenommen hat.

Natürlich bringt diese Energetisierung des Leitungswassers noch eine Menge anderer Vorteile mit sich, wie zum Beispiel: Der Kaffee oder Tee hat ein besseres Aroma als vorher. Auch wird dadurch die Energieschwingung in den Körper weitergegeben. Da die Pyramidenstrahlung nachweislich eine magnetische Eigenschaft besitzt, übernimmt auch das Wasser diese Information, was unserem Organismus wiederum sehr zugutekommt. Ein weiterer interessanter Nebeneffekt dieser Wasserbehandlung ist die Verhinderung der Verkalkung in den Leitungsrohren. So konnte es zum Beispiel ein Monteur kaum glauben, als er nach acht Jahren an der Waschmaschine einen Heizstab wechselte und feststellte, dass keinerlei Kalkansätze zu finden waren, obwohl wir kalkhaltiges Wasser haben und nie ein Entkalkungsmittel benutzen! Ein Dritter und auch sehr wichtiger Nebeneffekt der Wasseraufladung mit Pyramidenenergie ist die vollständige Eliminierung von vorhandenen Giftschwingungen. Infolge der sehr kohärenten und minuspoligen

Pyramidenstrahlung findet eine Umpolung der destruktiven Interfenzstrahlungen im Wasser statt. Einfach ausgedrückt bedeutet das, dass die Giftschwingungen gelöscht werden. Ein Verträglichkeitstest des Wassers mit einem Pendel, einer Einhandrute oder dem kinesiologischen "Armtest" bestätigt dies. Nach meinen Erfahrungen ist die oben beschriebene Methode der Wasserbestrahlung eine phantastische Möglichkeit, um die schlechte Qualität unseres Leitungswassers zu verbessern.

Hinweis:

Die Energetisierung des Leitungswassers erfolgt heutzutage statt durch Wasser-Revitalisatoren mithilfe moderner Konverter-Technologie. Mit diesen Geräten werden die in der molekularen Struktur des Wassers gespeicherten Schadstoffinformationen durch die verstärkte kosmische Einstrahlung gelöscht. Gleichzeitig erhält das Wasser seine gesunden, natürlichen Eigenschaften zurück.

Entstörung von Pyramiden-Stellplätzen

In Kapitel 13 wurde bereits dargelegt, dass Pyramiden und Orgongeräte nicht über Störzonen funktionieren. Doch wie soll man die wunderbaren Hilfsmöglichkeiten der Pyramide nutzen, wenn der störungsfreie Platz gerade dort ist, wo der Schrank oder der

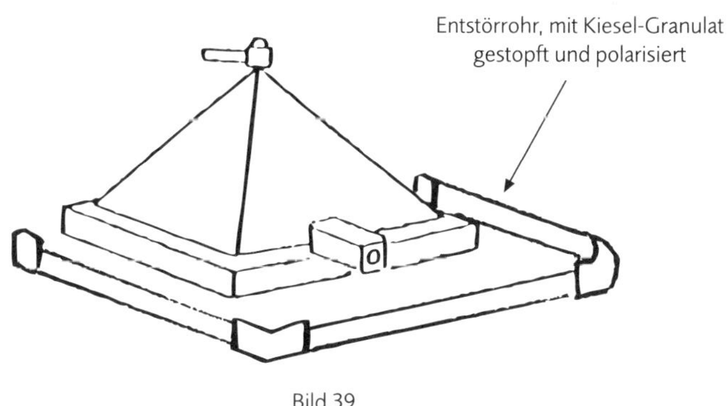

Bild 39

Gasherd steht? Oder wenn der Betreffende nicht mit dem Pendel oder der Einhandrute arbeiten kann?

Für solche Fälle gibt es einen speziellen Entstörsatz für Pyramiden. Er hat denselben Aufbau wie auf Seite 75 f. mit den Kupferrohren beschrieben. Die drei Rohre sind in U-Form mit Lötbogen verbunden.

Auch dieser Entstörsatz muss nach etwa drei bis vier Wochen durch Klopfen mit dem Hammer rund um die Außenseite neu polarisiert werden.

Radionik mit der Pyramide

Eine sehr interessante Methode zur Aussendung von personenbezogenen Strahlen ist das Verfahren, das als *Radionik* bezeichnet wird, was sinngemäß mit "Strahlung" oder "Strahlensendung" übersetzt werden kann. Bei dieser Methode wird ein Schwingungsgerät anhand eines Fotos, einer Handschrift, eines Bluttropfens oder Ähnlichem an die biologisch-spezifischen Schwingungen einer bestimmten Person angepasst, und die Schwingung wird abgestrahlt. Gleichzeitig werden die durch Diagnose ermittelten Heilschwingungen aufmoduliert und mitgesendet. Da die "biologischen Fenster" aller Menschen unterschiedlich sind, kann nur die gewünschte Person auf diese Fernstrahlung ansprechen.

Das Ganze ist vergleichbar mit einem Rundfunksender, der zum Beispiel auf der Welle 90 KHz, das heißt mit der Frequenz von 90000 Hertz, Schwingungen aussendet. Aber nur dasjenige Empfangsgerät, das seinen Schwingkreis (Sendereinstellung) auf diese Wellenlänge (Frequenz) eingestellt hat (vergleichbar mit dem sogenannten biologischen Fenster eines Menschen), kann diesen Sender empfangen und die aufmodulierte Sprache oder Musik hören. Die aufmodulierte Sprache oder Musik entspricht bei der Radionik der Heilschwingung einer bestimmten Medizin. Dass eine solche Fernbestrahlung bei den betreffenden Personen wirkt, zeigt sich an den nachweislichen Erfolgen innerhalb einiger Jahre.

In Deutschland ist diese Art der Personen-Fernbestrahlung nicht erlaubt. Dies sollte aber trotzdem kein Hindernis sein, auch bei uns auf experimentelle Art und Weise zu arbeiten beziehungsweise zu forschen, damit wir eines Tages anderen Ländern gegenüber auf diesem Gebiet nicht unterlegen sind. Die Nutzung der universalen Schwingungsenergie aus der Pyramide halte ich für eine ideale Lösung. Sie liefert uns natürliche und körperliche Schwingungen, die wir nur entsprechend einsetzen müssen. Es ist eine gesicherte Erkenntnis, dass innerhalb unserer Pyramidenmodelle von der Basis bis zur Spitze stetig steigende Schwingungsfrequenzen herrschen. Die niedrigste ist unten an der Basis und die höchste oben an der Spitze messbar. Sehr anschaulich zeigt dies die Schemazeichnung von Herman Becker aus Marburg.

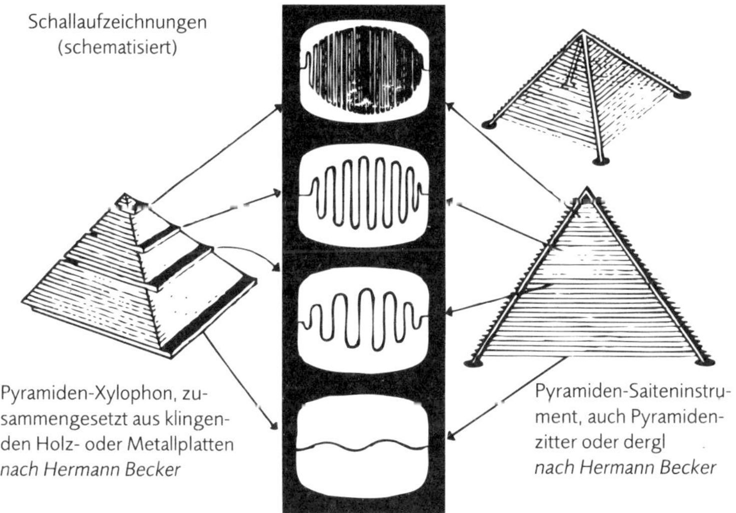

Bild 40

Pyramidentherapie mit festen Frequenzmustern

Eine andere interessante Möglichkeit zur Nutzung der natürlichen Pyramidenenergie ist der Einsatz von festen Frequenzmustern in der Naturheilkunde mit den sogenannten *Alpha-, Beta-, Theta- und Deltawellen*. Sie werden in der Pyramide fest eingestellt, und mit den jeweiligen Tasten können sie eingeschaltet und über ein Kontaktkabel an den Patienten geleitet werden. Durch zeitlich festgelegte Frequenzprogramme lassen sich auf diese Weise verschiedene Indikationsfälle beeinflussen. Entsprechende Programme werden zurzeit von kompetenten Stellen ausgearbeitet und erprobt.

Zum Vergleich sei zu diesem Thema noch hinzugefügt, dass zurzeit Geräte auf dem Markt sind, die allerdings alle mit künstlichen, das heißt elektronisch erzeugten und gesteuerten Frequenzen arbeiten. Abgesehen davon, dass solche Geräte sehr teuer sind, stellt sich die Frage: Warum sollen wir nicht mit den kostenlos zur Verfügung stehenden natürlichen Schwingungen aus dem Kosmos arbeiten und dadurch unsere Gesundheit optimieren?!

Der Pyramiden-Frequenzgenerator

Nachstehend soll eine weitere Nutzungsmöglichkeit der Pyramide vorgestellt werden, nämlich ein Gerät, mit dem die in Bild 40 schematisch dargestellte universale Schwingungseigenschaft der Pyramide vielseitig eingesetzt werden kann (siehe S. 138).

Eine mechanische Einrichtung ermöglicht es, diese universalen Schwingungsfrequenzen von der Basis bis zur Spitze stufenlos einzustellen und abzunehmen. Auf der Einstellskala wird dies als Frequenzstufen von 0 bis 100 angezeigt. An der Metallkontaktplatte A und den Steckbuchsen 1 und 2 stehen so die jeweils angewählten Frequenzen zur Verfügung. Durch eine Verbindung von Buchse 2 und 3 mit einem Kabel kann auch die Platte B aktiviert werden.

Anwendungsmöglichkeiten:

1. energetische Aufladung des Patienten
2. Eigenschwingungstherapie
3. Einschwingen von spezifischen Schwingungsstufen in Heilsubstanzen oder Wasser
4. Einschwingen von Farbmustern über die seitliche Steckbuchse "C"
5. Fernbestrahlung mithilfe von Foto, Handschrift oder Ähnlichem

Da es sich auch bei dieser Pyramide um das durch Gebrauchsmuster geschützte Modell mit einem Hohlresonator zur Verstärkung handelt, hat das Gerät noch eine Regelmöglichkeit, um die Strahlungsintensität von 34000 Bovis-Einheiten (Voll) auf null herunterzuregeln. Gleichzeitig kann damit auch die Potenzierung bei der Einstrahlung von Heilsubstanzen eingestellt werden. Dabei gilt: Volle Intensität ergibt eine niedere Potenzierung, und niedere Intensität ergibt eine hohe Potenzierung.

Hinweis:

Die Entwicklung der Geräte ist in den letzten Jahren mit Riesenschritten vorangeschritten: Als ruheloser Forscher und Konstrukteur entdeckte Otto Höpfner, dass mittels einer Technologie, die auf dem sogenannten "Casimir-Effekt" beruht, die kosmische Energie noch effizienter nutzbar gemacht werden kann als mit einer Pyramide. Das Ergebnis ist der moderne Strahlen-Konverter, wie er erstmals im Buch *Die neuen Energie-Verstärker für Gesundheit und Wohlbefinden* vorgestellt wird. Bis zu seinem Tod hat Otto Höpfner diese Gerätegeneration weiterentwickelt, um sie handlicher, einfacher, präziser, stärker und wirkungsvoller zu machen.

Der aktuelle Strahlen-Konverter akkumuliert die uns umgebende kosmische Energie und verstärkt sie auf etwa 64.000 Bovis-Einheiten, ist also ungefähr doppelt so stark wie die Höpfner-Pyramiden, kann

Frequenzgenerator

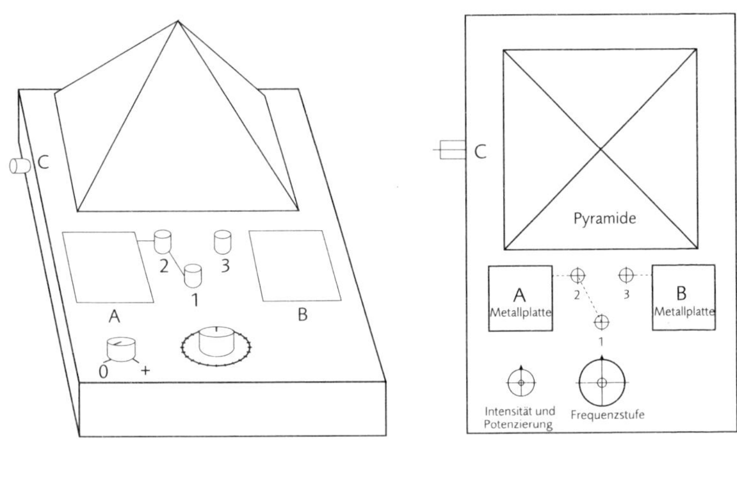

Ansicht

Draufsicht

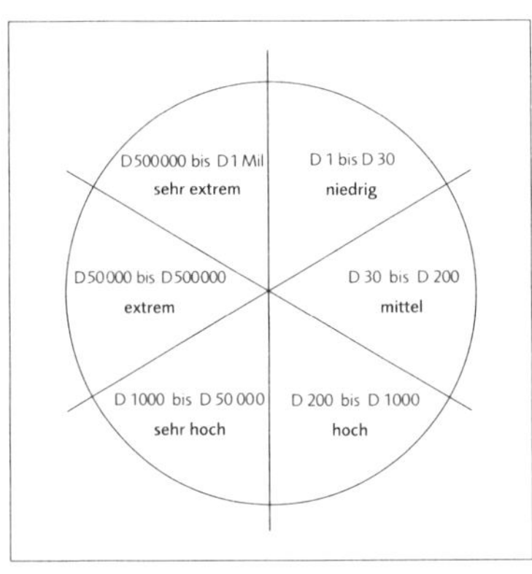

Messkreis für Potenzierung

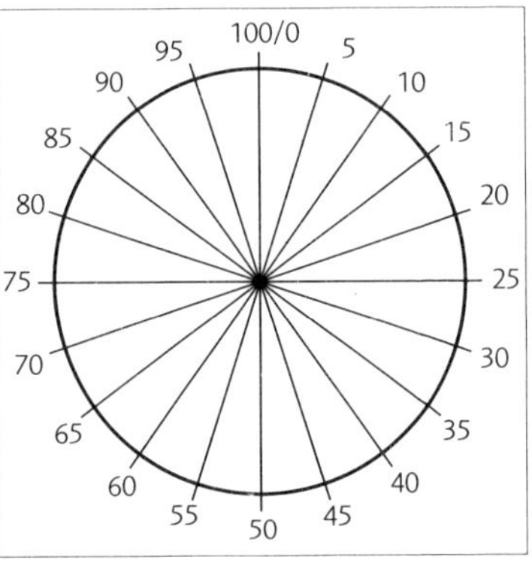

Frequenz-Stufen

Bild 41

aber andererseits auf jede individuell gewählte niedrigere Intensität gedrosselt werden. Gleichzeitig hat ein kleines Farbmodul, das mit dem Konverter zum Zwecke einer Farbtherapie verbunden werden kann, das eher unhandliche Pyramiden-Farbtableau abgelöst.

Für die Entgiftung von Lebensmitteln und Wasser werden heute keine Pyramiden mehr eingesetzt, sondern Geräte wie die Detox-Energetisierungsplatten, die ebenfalls auf der Konverter Technologie basieren, eigenständig entgiften und energetisieren, ohne dass sie einer anderen Energiequelle wie Pyramide oder Strahlen-Konverter bedürfen.

18.
Eliminierung radioaktiver Strahlung in der Raumluft

Englische Astrophysiker haben die in der Milchstraße befindlichen "Radiosterne" vermessen und auf eine Karte des in Cambridge sichtbaren Himmelsteils eingezeichnet. Eine davon angefertigte Kopie (Bild 42) zeigt die von Mr. Ryle und seinen Mitarbeitern gefundenen Radiosterne.

Nach einer Entdeckung von Dr. Rusch-Reglin wird eine Glasplatte, die man auf diese Fotokopie der Radiosterne legt, mit der Radiostrahlung stark imprägniert. Legt man nun diese Glasplatte mit der darunter angebrachten Kopie waagerecht auf den Boden, dann wird augenblicklich der ganze Raum davon geprägt. Die

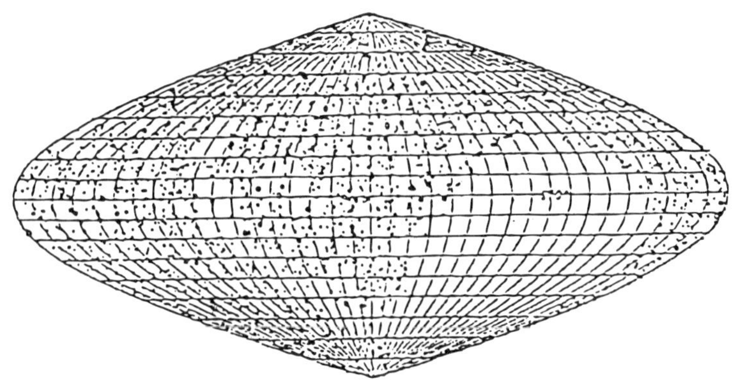

Bild 42

Wirkung dieser Methode wurde einmal in einer großen Halle anlässlich einer Ausstellung in Dresden mit Blindversuchen vorgeführt. Das Ergebnis entsprach vollkommen der obigen Feststellung.

Da Glas die Eigenschaft hat, radioaktive Strahlung begierig aufzunehmen, haben zum Beispiel Fensterscheiben oder Spiegel immer eine erhöhte Strahlung. Berührt man nun die Scheiben mit einer der präparierten Glasplatten für einige Sekunden und misst anschließend mit der Einhandrute und dem Messkreis für radioaktive Strahlung (S. 90), dann stellt man eine normale Strahlungssituation fest!

Anwendung:

Die präparierte Glasplatte mit der Sternenkopie wirkt jeweils nur für einen Raum. Sie wird auf den Boden unter einem Schrank oder an einen sonstigen ungefährdeten Platz mit dem Glas nach oben gelegt.

Im Grunde ist das beschriebene Verfahren mit der Glasplatte wissenschaftlich nicht einwandfrei erklärbar und erscheint etwas mysteriös. Maßgebend ist jedoch letztendlich die nachprüfbare positive Wirkung!

19.
Die Wirkung der Mikrowelle auf Nahrungsmittel

In den meisten Haushalten finden sich mittlerweile Mikrowellen, die als wahre Heinzelmännchen angepriesen werden. In Minutenschnelle sind tiefgefrorene oder auch normale Nahrungsmittel gar gekocht und ersparen im Haushalt viel Zeit und Arbeit. Doch wie in vielen anderen Fällen, beispielsweise beim Auto, der Kernkraft, den chemischen Reinigungsmitteln und so weiter, hat auch die Mikrowellentechnik ihre Schattenseiten. Bekanntlich hat jedes Nahrungsmittel, sofern es unter natürlichen Umständen, das heißt ohne künstliche Düngung und chemische Spritzmittel aufgewachsen ist, eine feinstoffliche Eigenstrahlung (auch biologische Eigenschwingung genannt).

Mit dem Messkreis für Strahlungsintensität (Bild 20, S. 83) wurde an solch gesund aufgewachsenen Möhren und Rote Beten eine biologische Eigenstrahlung von rund 6000 (!) Bovis-Einheiten gemessen. Das bedeutet, dass diese Nahrungsmittel eine feinstoffliche Lebensenergie beinhalten, die unser Körper für seine Vitalenergie dringend braucht. Nachdem nun diese beiden gesunden Rüben eine Minute im Mikrowellenherd gegart worden waren, war bei beiden nur noch eine Strahlungsintensität von etwa 800 bis 1000 Bovis-Einheiten feststellbar! Daraus ist zu entnehmen, dass durch die Mikrowellen-Bestrahlung die für unsere Gesundheit so wichtige biologische Energiestrahlung nahezu ausgelöscht wird. Man konsumiert dann tote Nahrung, aber kein "*Lebens*-Mittel" mehr.

Sehr interessant sind auch die Messungen, die an auf dem Markt gekauften Kartoffeln gemacht wurden: Sie hatten im rohen Zustand nur eine Biostrahlung von 500 Bovis-Einheiten! Vermutlich waren sie mit Kunstdünger gedüngt und mit Spritzmitteln behandelt oder auch gegen Keimaustrieb gepudert worden, denn bei der Messung auf Giftstrahlung lagen sie bei der Giftstufe 8,3 im 3. Quadranten des Messkreises (Bild 24, S. 91)! Ein besonders schlechtes Ergebnis brachte auch die Messung von Leitungswasser. Es hatte nur eine energetische Strahlung von 100 BE – und außerdem eine giftige Strahlung von 8,5 im Messkreis!

Nachdem beides, die Kartoffeln und das Wasser, eine Minute im Mikrowellenherd behandelt worden waren, war bei den Kartoffeln die vorherige geringe biologische Strahlung von 500 auf 100 BE und beim Wasser auf null BE zurückgegangen. Auch hier ist tote Nahrung und totes Wasser das Ergebnis. Aber es hat sich überraschenderweise auch ein kleiner Vorteil der Mikrowellen-Bestrahlung herausgestellt: Die ursprüngliche Giftstrahlung war nämlich bei der Kartoffel von Stufe 8,3 auf 5,5 und beim Wasser von Stufe 8,5 auf Stufe 3 zurückgegangen.

Zusammenfassend muss man aber sagen, dass die Aufbereitung von Nahrungsmitteln oder das Erhitzen von Wasser im Mikrowellenherd nicht zu empfehlen ist. Wer überwiegend solche biologisch tote, energielos gemachte Nahrung zu sich nimmt, wird im Laufe der Zeit unvermeidlich seine Vitalenergie verlieren und damit anfällig für Krankheiten werden. Doch verehrter Mikrowellen-Besitzer, es gibt Gott sei Dank noch eine ganz einfache Methode, solche biologisch "totbewellte" Nahrungsmittel wieder in einen biologisch brauchbaren Normalzustand zu bringen. Mithilfe der Natur, in diesem Falle mit der unbegrenzt zur Verfügung stehenden kosmischen Energiestrahlung, lassen sich die schädlichen Auswirkungen wieder korrigieren. Das geschieht mithilfe einer Orgonplatte in Verbindung mit einem speziellen Pyramidenmodell, und die nachstehenden Messergebnisse bestätigen diese Behauptung.

Die oben beschriebenen Nahrungsmittel wurden nach ihrem Garvorgang im Mikrowellenherd etwa zehn Minuten auf die mit einer Pyramide verbundene einfache Orgonplatte gelegt und anschließend mit dem Bio-Radiometer und den entsprechenden Messkreisen nochmals ausgemessen. Und siehe da: Alle Nahrungsmittel, einschließlich des erhitzten Wassers, hatten eine energetische Strahlungsintensität zwischen 6000 und 6500 Bovis-Einheiten. Auch die vorher festgestellten Giftstrahlungen waren eliminiert. Das bedeutet, dass die Nahrungsmittel mithilfe der natürlichen Energie aus der Orgonplatte und der Pyramide wieder in einen biologischen, energetischen Zustand zurückversetzt wurden. Nachstehend die Tabelle, in der alle oben angegebenen Messwerte übersichtlich zusammengestellt sind.

		vor Behandlung	1 Minute Mikrowelle	nach Orgonaufladung
Kartoffel:	Strahlung BE	500	100	6500
	Giftstrahlung	8,3	5,5	3
Rote Bete:	Strahlung BE	6000	1000	6300
	Giftstrahlung	0	0	0
Möhre:	Strahlung BE	600	100	6500
	Giftstrahlung	0	0	0
Wasser:	Strahlung BE	100	0	6000
	Giftstrahlung	8,8	0	0

Schlusswort

Der Vollständigkeit halber sei zu den beschriebenen Verfahren erwähnt, dass es leider noch viele Menschen und insbesondere orthodoxe Wissenschaftler gibt, die diese Methoden nicht tolerieren, ja sie sogar bekämpfen. So wird die Homöopathie seit 200 Jahren, nachdem sie von Samuel Hahnemann begründet wurde, millionenfach in aller Welt mit Erfolg angewandt, aber nicht wissenschaftlich anerkannt! Würden sich die Gegner dieser Methode ein wenig mit den physikalischen Gesetzen der Schwingungs- beziehungsweise Resonanztechnik und dem Phänomen der feinstofflichen Biostrahlung befassen, würden sie vielleicht manches begreifen, aber darüber steht leider nichts in den medizinischen Fachbüchern.

Ein gutes Beispiel, dass immaterielle Informationen durch bestimmte Frequenzmuster übertragen werden können, geben uns bereits der Rundfunk und das Fernsehen. Auch hier werden, ähnlich wie zum Beispiel bei den Heilkräutern, Informationen in Form von besonderen Frequenzmustern ausgestrahlt und in Geräten mit entsprechenden Schwingkreisen in Resonanz gebracht, so dass sie in Ton oder gar in ein Farbbild umgesetzt werden können.

Im Grundprinzip spielt sich dieselbe Erscheinung zwischen der bioenergetischen Pyramidenenergie (auch Strahlung genannt) und den menschlichen Zellen ab. Auch dass man, wie in der Homöopathie, bestimmte Schwingungsmuster in Flüssigkeiten oder Milchzucker einstrahlen und speichern kann, dürfte wohl kein Novum mehr sein. Doch was heute noch angezweifelt wird, kann morgen schon als selbstverständlich gelten, vorausgesetzt, es wurde von anerkannten Wissenschaftlern "neu" entdeckt. So wurde 1988 in einigen

Fachzeitschriften eine sensationelle Neuigkeit von einigen französischen Wissenschaftlern veröffentlicht: Sie hatten die Wirksamkeit der Homöopathie untersucht, indem sie ein Serum, das auslösende Allergene gegen Blutzellen enthielt, mit Wasser verdünnten. Diese Verdünnung trieben sie so weit, dass sie zu einer Verdünnung von 1023 kamen - und siehe da: Die Reaktion der Blutzellen war dieselbe wie vor der Verdünnung. Sie hatten vor einem Rätsel gestanden, das Samuel Hahnemann bereits vor 200 Jahren gelöst hatte. Forscher aus anderen, auch ausländischen Instituten, wiederholten die Versuche und kamen zu demselben Ergebnis. So wird sich die Schulmedizin und ihre etablierte Forschung sehr bald neu orientieren müssen.

Literaturempfehlungen

Bachler, Käthe: *Der gute Platz. Eine große Hilfe für die Gesundheit an Körper, Seele und Geist.* Landesverlag 1992.

Eberhard, Lilli, Prof.: *Heilkräfte der Farben und ihre Anwendung in der Praxis.* Drei Eichen 2002.

Freihold, Jürgen: *Der Orgonakkumulator nach Wilhelm Reich.* Edition Space 1985.

Godson, Petra: *Farben und Gesundheit. Praktische Anwendungen.* Edition Tramontane 1991.

Graves, Tom: *Pendel und Wünschelrute. Radiästhesie.* Goldmann 1999.

Grün, Willi H.: *Erdstrahlen - Unheimliche Kraft oder blühender Unsinn?* Ullstein 1986.

Hartmann Jane E.: *Die Heilkraft der richtigen Schwingung. Radionik und Pendeln.* Hugendubel 1995.

Hecker, Max (Hrsg.): *Maximen und Reflexionen.* Insel 1976.

Hirschmann, Ferry: *Strahlen, die gesunde Energie.* Goldmann 1991.

Hürlimann, Gertrud: *Pendeln ist erlernbar I. Die Pendellehre. Ein methodisch aufgebautes Lehrbuch.* M & T Verlag 1988.

Jakob, Georg Dr.: *Das medizinische Pendelbuch.* Lorber & Turm 2006.

Keppeler, Manfred: *Die Glückspyramide.* Eigenverlag 1997.

Kirchner, Georg: *Pendel und Wünschelrute. Handbuch der modernen Radiästhesie.* Knaur 2000.

Laubach, Arthur: *Der Weg des Geistes.* Knaur 1993.

Lemesurier, Peter: *Geheimcode Cheops.* Bauer 1997.

Mandel, Peter: *Praktisches Handbuch der Farbpunktur.* Energetik 1986.

Mayer, Hans/Winkelbaur, Günther: *Biostrahlen. Woher sie kommen, wie sie wirken, was sie tun. Der Mensch im Strahlungsfeld von Kosmos, Erde und Umwelt.* Orac 1983.

Merz, Blanche: *Orte der Kraft. Die Stätten höchster kosmoterrestrischer Energie.* AT 1999.

Merz, Blanche: *Die Seele des Ortes. Metaphysische Energien und ihre Wirkkraft.* AT 2000.

Oberbach, J.: *Feuer des Lebens. Dein Bioplasma. Die Wunderkraft des Menschen.* Grünwald 1980.

Schiegl, Heinz: *Color-Therapie. Heilung durch Farbenkraft - wirksame Selbstbehandlung bei vielen Beschwerden.* Bauer 1991.

Schul, Bill/Ed Pettit: *Die geheimnisvollen Kräfte der Pyramide.* Heyne 1995.

Strzempa-Depré, Mich.: *Die Physik der Erleuchtung.* Goldmann 1989.

Tompkins, Peter: *Cheops. Die Geheimnisse der Großen Pyramide - Zentrum allen Wissens.* Knaur 1998.

Toth, Max/Nielsen, Greg: *Pyramid Power.* Bauer 2000.

Weilmünster, Rudi Ph.: *Praxis der Pyramidenenergie. Theorie - Einsatz - Experimente.* Delius Klasing 1995.

Wilsan, Annie/Bek, Lilla: *Farbtherapie.* Scherz 1998.

Über den Autor

Dipl.-Ing. Otto Höpfner, 1915 geboren und im Dezember 2008 gestorben, arbeitete nach seinem Studium des Maschinenbaus und der Aerodynamik in der Forschung, Konstruktion und zuletzt als Rationalisierungsfachmann.

Selbst sehr sensitiv in Bezug auf Strahlungsfühligkeit, beschäftigte er sich damit, wie man radiästhetisches Wissen durch praktische Anwendung zum Segen der Menschheit umsetzen kann. Nach jahrelangem Forschen und Testen entwickelte und konstruierte er unter anderem eine hochempfindliche Einhandrute, als Höpfner-Radiometer mit Kugelkreuz inzwischen weit verbreitet, die legendäre Orgon-Pyramide und zuletzt den phantastischen Energie-Verstärker, den sogenannten Strahlen-Konverter.

Bezugsquelle für die beschriebenen Originalgeräte

ReVitaMed®
Inhaber: Herbert Groetchen
Regerstr. 20 · 53359 Rheinbach
Postfach 1370 · 53350 Rheinbach

Fon/AB: 0049 (0) 2226-835 400
Fon/Fax/AB: 0049 (0) 2226-915 996
Mobiltelefon: 0176-78488373
(Hinweis: Mobiltelefon nur im Fall einer Rufnummernänderung des Festnetzanschlusses erreichbar.)

h.groetchen@revitamed.de
www.revitamed.de

Otto Höpfner & Petra Godson

Die neuen Energieverstärker

Für Gesundheit und Wohlbefinden

Das Buch ist eine wahre Fundgrube mit vielen Tipps für die Gesundheit, z. B. wie man sich mit natürlichen Mitteln vor schädlichen Umwelteinflüssen, vor dem Gift in Nahrungsmitteln, Trinkwasser, Textilien und in der Wohnung schützen kann. Und wie man seinen Bettplatz gegen krankmachende Erdstrahlen abschirmt. Genauso einfach und physikalisch begründet kann man sich gegen elektromagnetische Strahlungen von PC, Handy, TV und sonstigen Elektrosmog schützen.
Im zweiten Teil erfahren Sie, wie die Farbtherapie mittels Strahlenkonverter optimiert werden kann.

192 Seiten, broschiert
ISBN 978-3-89845-009-6
€ [D] 14,90

Otto Höpfner

Die feinstoffliche Strahlungsenergie

Erkennen, verstehen, nutzen

Der Ingenieur Otto Höpfner erklärt die physikalischen Hintergründe der feinstofflichen Energien und gibt Hinweise, wie man sich diese für seine Gesundheit und sein Wohlbefinden nutzbar machen kann. Dabei zeigt er völlig neue Therapien auf. Dies geschieht in ausgesprochen fundierter Weise.
Das Buch ist für Laien wie für heilerisch Tätige gleichermaßen interessant. Ein Buch voller neuer Erkenntnisse.

136 Seiten, broschiert
ISBN 978-3-931652-43-2
€ [D] 12,90

Dr. med. Joël Spiroux

Wenn Umwelt krank macht

Fakten und Lösungen

Fast jede Woche rieseln Hiobsbotschaften aus den Medien: Tanker verliert Tonnen an Rohöl, Asbestverseuchung in öffentlichen Gebäuden, erhöhter Dioxinausstoß in Kühlanlagen ... usw., um dann sofort hinzuzufügen, dass natürlich für den Menschen keine Gefahr bestehe! Der Arzt Dr. Joël Spiroux wird täglich mit pathologischen Krankheitserscheinungen konfrontiert, die er auf eine immer mehr mit Schadstoffen belastete Umwelt zurückführt. In diesem informativen und gut dokumentierten Buch geht er der Frage nach, warum es zu immer mehr Allergien, häufigeren Krebserkrankungen oder hormonalen Störungen kommt.
Er will aufrütteln, aber nicht anklagen, denn für diesen Arzt, der Mensch und Umwelt gleichermaßen liebt, gibt es nur ein Ziel: in einem feindlichen Umfeld gesund bleiben!

248 Seiten, broschiert
ISBN 978-3-89845-244-1
€ [D] 18,90

38 Pendelkarten mit Pendel, Begleitheft, in Stülpschachtel
ISBN 978-3-89845-098-0
€ [D] 18,40

Anneke Huyser

Pendelset – Perfekt für Einsteiger

Dieses Pendelset mit einem hochwertigen Namaste-Pendel im dekorativen Samtsäckchen ist für den Anfänger wie für den versierten Pendel-Profi geeignet.
Die Pendelkarten enthalten alle Arten von Grafiken für die verschiedensten Fragen und Pendel-Aufgaben, wie I Ging, Astrologie, Edelsteine, alternative Heilmethoden u.v.m., sowie alle erforderlichen Hinweise, die in einem kleinen Begleitbuch übersichtlich und leicht verständlich erläutert werden. Mit der beiliegenden Blankokarte kann das Set vom Benutzer zudem beliebig erweitert werden.

160 Seiten, broschiert, inkl. Synergemo®-Card
ISBN 978-3-89845-309-7
€ [D] 16,90

Dietmar Schenk

Synergemo – Der Quantencode

Sich neu zentrieren mit den vier Polen

Im Mittelpunkt der Synergemo-Methode steht eine Energie, die der Autor den Vierpol nennt, und diese Energie – so alt wie das Universum – macht tatsächlich die ganzheitliche Betrachtung sowie Behandlung aller Leiden möglich.
Nach der Lektüre dieses Buches werden Sie nicht nur ein anderes Verständnis für die destruktiven Auswirkungen von schlechten Gedanken und Gefühlen entwickelt haben, sondern auch jene in Synergemo neu definierte Energie und deren Auswirkungen selbst erleben können. Hierzu liegt dem Buch eine Energiekarte bei – Ihre Eintrittskarte zum Quantenuniversum.

232 Seiten, broschiert
ISBN 978-3-89845-154-3
€ [D] 14,90

Vadim Zeland

Transsurfing

Realität ist steuerbar

Dieses Buch löste in Russland eine wahre Revolution aus. Die Realität ist steuerbar! Wir alle glauben, wir seien abhängig von den äußeren Umständen – dabei ist es genau umgekehrt! Ihre innere Wirklichkeit kreiert die äußere Realität. So erfüllen sich Wünsche, Träume verwirklichen sich ...
Transsurfing ist eine mächtige Technologie zur Realitätssteuerung. Alle, die sich mit Transsurfing beschäftigen, erleben eine Überraschung, die an Begeisterung grenzt. Die Umgebung eines Transsurfers verändert sich beinahe augenblicklich auf eine unbegreifliche Weise. Das hat nichts mit Mystik zu tun. Das ist real.

160 Seiten, Klappenbr.
ISBN 978-3-89845-312-7
€ [D] 14,90

Larry A. Smith

MMS – Der natürliche Viruskiller

MMS – kein Wunder, sondern ein wunderbar gesundes Leben! MMS steht für Miracle Mineral Solution, wunderbare Minerallösung – und der Name scheint Programm zu sein: Mehr als 75.000 Fälle von Malaria konnten erfolgreich behandelt werden, mehrere Aids-Patienten und zahlreiche Fälle von Hepatitis C, Tuberkulose bis hin zu Erkältungen – ohne Nebenwirkungen.
Ursprünglich durch Zufall entdeckt, steigt das Interesse an dieser natürlichen »Minerallösung« kontinuierlich. Lesen Sie in diesem praktischen Ratgeber, bei welchen Krankheiten Sie diese neue Minerallösung anwenden können, wie sie herzustellen und zu dosieren ist sowie was Anwender zu MMS zu berichten haben.
Kein Buch über ein Wunder, sondern über eine wundervolle Minerallösung, über MMS – die Hoffnung für ein gesundes Leben im 21. Jahrhundert.

144 Seiten, broschiert
ISBN 978-3-89845-193-2
€ [D] 12,90

Daniel Meurois-Givaudan

Karmische Krankheiten

erkennen – verstehen – überwinden

Dieses in seiner Art einmalige Buch versteht den Menschen als eine Folge von verschiedenen Reinkarnationen, wobei jede unterschiedliche Spuren hinterlassen hat, die sich im jetzigen Leben als Krankheit manifestieren können und die die traditionelle Medizin weder verstehen noch heilen kann. Ein erfahrener Therapeut mit medialen Fähigkeiten und einem tiefen Verständnis des Menschseins vermittelt hier einen einmaligen Einblick in die Komplexität von Krankheiten.

800 Seiten, gebunden
ISBN 978-3-937464-09-1
€ [D] 29,90

J. Klokow & W. Binder

Praktisches Handbuch der Homöopathie

Hier liegt endlich ein homöopathisches Handbuch vor, das in überschaubarer Anordnung ein vollständiges Indikationsverzeichnis aller homöopathischen Mittel enthält. Die behutsame und didaktisch geschickte Einführung in die Grundlagen homöopathischen Denkens, die realistische Fragetechnik sowie das Einordnen, Hierarchisieren, Vergleichen, Rezeptieren und die Potenzwahl der Arzneimittel gestattet es auch dem lernenden Leser, sich mit der Homöopathie vertraut zu machen.

80 Seiten, broschiert
ISBN 978-3-937464-03-9
€ [D] 6,50

Walter Binder

Erste Hilfe – ganz natürlich

... mit Homöopathie und Bachblüten

Der erfahrene Heilpraktiker und ehemalige Sanitäter Walter Binder legt mit diesem kleinen Band ein Buch vor, das in keiner Hausapotheke fehlen sollte – der schnelle Zugriff auf eine natürliche Erste Hilfe im Notfall. Er listet übersichtlich sowie kurz und bündig homöopathische und Bachblüten-Mittel auf, die im Notfall rasch helfen und den nachfolgenden Genesungsverlauf günstig beeinflussen.

176 Seiten, broschiert mit farbigen Abbildungen
ISBN 978-3-89845-141-3
€ [D] 12,90

Arthur Rüegger

Schmerz lass nach

Hilfe bei chronischen Schmerzen

Der Autor zeigt in diesem Buch auf revolutionär einfache Weise die Zusammenhänge zwischen Körper, Geist und Seele auf und legt, indem er den Menschen ganzheitlich betrachtet, die Ursachen von Schmerzen und Krankheiten klar verständlich offen. Auf auch für Laien leicht nachvollziehbare Art gibt er zudem wertvolle Tipps, wie jeder das »Übel an der Wurzel packen« und sich durch eine einfache Veränderung alltäglicher Gewohnheiten selbst heilen kann.
Wer dieses Buch gelesen hat, braucht vor Schmerzen keine Angst mehr zu haben!

152 Seiten, broschiert
ISBN 978-3-89845-256-4
€ [D] 14,90

Helmut Hüsgen

Visionen für eine naturgemäße Zukunft

Modelle für eine praktische Umsetzung

Nach seinem Buch »Grünes Gold« geht Helmut Hüsgen einen großen Schritt weiter, indem er seine Erkenntnisse aus dem Kleingartenbereich auf die Erde und den Kosmos überträgt. Er liefert nicht nur interessante Überlegungen, die den Menschen an seine Aufgabe in der Schöpfungsstruktur erinnern, sondern erläutert anhand von konkreten Projekten und mittels kurzweiliger theoretischer Zusammenfassungen seine Vision eines Garten Eden, in dem alle Geschöpfe wieder harmonisch zusammenleben können und der in unserem Innern bis heute noch lebendig ist.